あしたはきっと大丈夫

心が晴れることば

産婦人科医
高尾 美穂

コスミック出版

はじめに

今、世の中がすごいスピードで変化しています。スマホ・オンライン・ガジェット・時間術・働き方改革・副業解禁・多様性……。中でも女性の生き方の選択肢は大きく増え、したいことをいくつも実現できる時代になっています。これはよい変化と言えるでしょう。

その一方で「キャリア」や「子育て」「教育」「介護」などの分野では旧態依然な部分が多く、それぞれを同時に進めることを求められる女性たちは、自分のしたいことはもちろん、「キャリア」や「子育て」など、それぞれを圧縮することで、限られた24時間を何とかやりくりしています。

複数の役割を持つことは選ばず、何か一つを選択した女性であっても、あまりの情報の多さに「私の選択は本当にこれでよかったのだろうか?」と不安になったり、自分の人生を振り返り、ふと、さびしさを感じたりすることもあるでしょう。

これだけ多様な生き方が認められるようになった時代に、「正解」なんてありません。正解がないからこそ、どんな人生を選んだ人も不安になり、ほかの人の人生が輝いて見えるのです。時代の変化のスピードに追いついている人、追いつこうとしている人、追いつくことを求められている人、あるいは追いつけないと感じている人、どのフェーズにいる人も生きづらさや迷い、不安を抱えています。そしてどの人も「完璧ではない」「何かが足りない」と感じているのです。

でも、不完全な部分こそ、あなたらしさの重要な要素だったりします。完璧な満月のように満ち満ちている人は、きっと一人もいないでしょう。誰もがパズルのピースが一つ足りていない、みたいにどこかが少し欠けていて、一人ひとり違った形をしています。そして一人ひとり、まったく異なる人生を歩んでいるのです。完璧な円ではないからこそ愛すべきオンリーワン、なのです。どうかあなたのここまでの選択や歩みを大切に、そして誇りに思ってください。

本書には、無理せず、背伸びせず、でも気づいたら心が晴れていく、そんな言葉たちを集めました。心が晴れる前の、あなたの空はどんなだろう。雷？　豪雨？　霧がかかって見通せない？　そんなあなたの心が晴れることを心から願って。

２０２４年　初秋　　高尾美穂

あしたはきっと大丈夫 心が晴れることば 目次

第2章 仕事は人生の一部だから

第3章 愛とか恋とかだけでないパートナーシップのかたち

第4章 妊娠・出産・子どもの有無に正解を求めない

第5章 性のあり方も自分らしくアップデートする

ことば 手書き文字 高尾美穂
装丁／本文デザイン 伊藤清夏（コスミック出版）
装画 副島あすか
章扉イラスト 佐々木奈菜
本文DTP 葛西剛（コスミック出版）
編集協力 荒原文
編集 椙島慎司（コスミック出版）

第1章

人生の主人公は自分です

1

「くらしさ」は
あなたが
決めていい

第1章

人生の主人公は自分です

「～らしく」とか「～らしさ」って、よく耳にする言葉ですよね。

女性らしく、母親らしく、高校生らしく、医者らしく、これらはまさに、世間一般のイメージが言葉に置きかえられている状態と言えます。世の中が抱くそのイメージに合ったスタイルや服装、行動を求められ、特段の違和感を覚えることなくこれまで過ごしてこられた方は少なくないでしょう。

また、世の中がつくりあげたイメージに近い状態である方が生きやすい、過ごしやすい、楽なのも実際のところで、だからそんな選択を無意識のうちにしてきたかもしれません。

ただ、よく考えてみれば、私たち一人ひとりが持つ女性のイメージ、母親のイメージは、似てはいるけれど少しずつ異なっていて当然だと思います。そして本当に大事なのは、まわりの価値観に合わせて生きることではなく、「どういう女性でありたいのか」であり、「どういう母親でいたいのか」です。私にとっても「どんな医者でありたいか」は、教科書に答えが書いてあるわけじゃない、先達の誰かをまねすればいいわけでもない、ある意味正解のない問いであり、日々自分に向け続けるテーマでもあります。

世の中がイメージする「らしさ」よりも、自分が決めた「らしさ」を追いかけて生きる。「自分のことは自分で決めていい」、これがこの本で皆さんに一貫してお届けしたいメッセージです。

2

自分自身のコンパスを持ち歩こう

第1章

人生の主人公は自分です

人生の岐路《きろ》とも言えるような重要な局面において、どんな選択をするか？　その決断をする自分自身のコンパスを持ち歩きましょう。他人のコンパスを頼りに「行き先を決めた」のでは、後々悔やんでしまう可能性があります。

たとえば結婚や妊娠のタイミングを迷ったときに、「一度職場を離れると、なかなか正社員には戻れないよ」と周りに言われて、「いつの間にか妊娠のタイミングを逃してしまった」とか「もう子どもは諦めた」といった声をお聞きすることがあります。

中には「あのときに子ども産むと決めていれば、今とは違う未来があったのかも。友人は仕事と子どもが両方あってうらやましい」と言う人もおられます。けれど、そんな風に感じてしまうのは、人の考えを自分の意見だと、自分に思いこませて決めたことだからだと思います。もし「子どもがほしい」と思っているのなら他人の意見は参考程度に留め、自分のコンパスで決断する。そうでないと、その結果として起こる出来事に、心が揺さぶられる理由になります。

どのような結果になるにせよ、「自分が決めた」と思えれば納得できるでしょう。自分自身のコンパスで決めた道ならば、迷うことさえ楽しめる。また、望ましい道へ軌道修正することも、それほど難しいことではないのではないか、と私は思っています。

3

自分のマイノリティ要素を好きでいる

私たちは誰もが、マジョリティ（多数派）とマイノリティ（少数派）要素の組み合わせで出来ています。

ざっくりしたカテゴリーだと、私は医者という職業に従事し、「東京都で働く」というマジョリティの要素を持っています。

一方で、私はファッションにネクタイや蝶ネクタイを取り入れることが好きですが、ネクタイをする女性は少数派。マイノリティといばマイノリティなわけですが、そこが私の個性だとも言えます。

マイノリティ要素というと、「女性だけどピンクやスイーツは好きじゃない」とか「東京に住んでいますが中日ファンです」とかそういったお話はちょこちょこ耳にしますが、「女性だけど好きになる対象は女性です」というケースは、やはり今でも周りに言い出しにくいテーマでしょう。性的指向で言えば「マイノリティ」とされますが、だからと言ってそれはその人の全てではない。マイノリティな部分もあるけれど、誰もがマジョリティの要素も必ず持っているものです。そう捉えると、どのマイノリティの要素も自分らしい特徴、くらいに思えてきませんか。

人との違いは偏見や対立を生みやすいですが、マイノリティ要素は個性だとも言えます。自分自身がそれを好きでいれば、その人の魅力につながってくると思います。

4

外面を気にすると
同じくらい
内面を気にしたい

第1章

人生の主人公は自分です

K-POPがエンタメの人気コンテンツになり、韓国に渡り美容整形外科の手術体験をSNSにアップする人が増えている影響でしょうか。近頃、外見的なお悩み（胸が小さいとか、目がちっちゃいとか、エラが張っている等々）の相談を受けることが増えているように思います。「美しくなりたい」という女性の願望は不変です。お気持ちはよくわかります。

かつてはモデルやタレント、あるいは接客業の方々からの相談がほとんどだったのが、最近は会社員、パート、主婦、学生といった、いわゆる〝普通の女性〟が同じように悩んでおられます。

自分がいまいちだと思う外見を一つ一つ気にしている女性がこんなにもいるのか、と愕然とする一方で、逆に、他に考えること、悩むことはないのか、と思ったりするものです。

外見面で言えば、医療施術の必要性を感じないケースがほとんどです。外見は人と比べてわかりやすい違いです。だから、ああしたい、こうなりたい、と思いやすいとも言えます。

しかし、人の本質は内面です。どんな自分でありたいか、どんな時間を、どんな人生を過ごしたいか、外見を気にするのと同じくらい、内面にも意識を向けていただけたらと願っています。

5

個性を〝とがり〟として磨く

周りとは違う要素は誰もが持っています。「違い」があるならそれを〝とがり〟と捉え、丸く収めるのではなく自分の強みとして磨いてみてはどうでしょうか。

先日、女性ボクサーの方とお話しをする機会がありました。ボクシングをはじめたのは、ボクササイズの広告が貼ってあるジムの前をたまたま通りかかり、「ちょっと面白そう」とミーハーな気持ちで友人と通うようになったのがきっかけ。

ジムに通い続けるうちにどんどんボクシングの魅力にハマり、コーチからも「筋がいいね！」と褒められ、今度試合にも挑《いど》むとのこと。友人はインカレの出場経験もある元バスケ選手だったのに練習のキツさに根を上げて、今では滅多にジムに顔を出さないそうです。「学生時代はずっと帰宅部だったから、こんなにハマり症だった自分に気がつきませんでした」と笑っていました。また、試合には会社の上司や同僚も応援にきてくれるそうで、その表情はとても輝いていました。

この方のように自分の個性に気づき、深掘りをしていくと毎日が楽しくなります。磨き方によっては周りから注目を浴びる〝とがり〟になるのです。服装や髪型といった外見、趣味嗜好、何でもいいのです。私たちには人とは異なる〝とがり〟がきっとあり、それを大事に育て、磨くことで強みとなっていきます。そんなご自身の一部分に気づいていただけたらと願っています。

6

人からの「がっかり」を恐れない

人の期待に応えて生きていくと、「人が期待するあなた」にはなれるでしょう。

たとえば、あなたが教育熱心な家庭に育ったとします。どうやら親からは「将来は医者になってほしい」と思われている。でも自分の本心は「医者じゃなくてYouTuberになりたい」と思っている。それを言うと親にがっかりされそうだ……。

愛する人、大切な人のために「本心を隠す」ことが時には必要なこともあるでしょう。期待に応え、その人の笑顔を見たとき、「ああ、やっぱりこれでよかったんだ」と思う。

しかし、「本心を出さない」ことには限界があると思います。長い人生、人に期待されたとしても応えられないケースがまあまあの頻度で起こってくるものです。他人にがっかりされる度に、落ち込んだり、自己嫌悪に陥ったりするでしょう。

人の期待はその人が望む期待です。自分が自分に何を、どんな状態を期待しているのか、をちゃんと知ることのほうがずっと大事な取り組みです。

「自分はこういう人でありたい」というビジョンを自分で定め、選択して生きていきたいものです。自分はどう生きたいのか。どうありたいのか。それを常に問い掛け、行動を選ぶ。

人から「がっかり」されることを恐れずに、自分を主体とする生き方を選んでほしいと思います。

7

これからは
がっつりではなく
柔かく

幸せに生きていくために、人とのつながりが重要です。ただ、そのつながりは〝がっつり〟でなくてもいいのです。固い結束で結ばれた人間関係を作るのが困難な時代ですから、むしろ〝柔らかい〟つながりをいくつか持っていたいものです。

会社の上司や同僚、カルチャースクールやスポーツジム、推し活などで会う人などは〝柔らかい〟つながりの線上に立っていると言えます。

もしあなたが周りから「あの人、ちょっと変わっているね」と思われていたとしても柔らかいつながりを維持するために、最低限の感じのよさを保つ努力はお願いしたい。

何も特別なことは必要ありません。自然に挨拶ができるようであれば十分です。にこやかに、なるべく笑顔を絶やさないでいられたら、気づいたときに会話がうまれていることと思います。

あなたが「友だちになりたい」と思う人はどんな人でしょう？　おそらく、声をかけたときに表情が硬い人よりも気さくに言葉を返してくれる人と友だちになりたいはずです。

あなたはあなたと友だちになりたいでしょうか？　まわりとの柔らかいつながりを維持するには、まずあなた自身がその場で前向きに過ごすことが大切。楽しいと思える時間が増えれば表情も和らぎ、周りにもきっと温かい空気が広がっていくことでしょう。

8

女性同士でも
わかり合えない
場面は少なくない

PMS（月経前症候群）、生理痛、妊娠から出産の経過、更年期など、女性特有の症状や悩みは個人差が大きく、同じ病名でも同じ経験をするわけではありません。だからこそ、女同士でも分かり合えないことがしばしば起こります。

たとえば、毎月毎月生理休暇を取る女性に対して、むしろ同性からの陰口が聞こえてくるケースがあります。生理が重くない人にとっては「ちゃんと自己管理してよ」と言いたくなるのでしょうが、重い人にとっては「何でわかってくれないの」という気持ちになります。

また、子育ての最中にいる女性が、子どもが熱を出して急に欠勤せざるを得ない場合に、育児経験のある同性から「うちの子はそんなに熱なんか出さなかったわよ」と心ないことを言われたりすることもあります。

女性同士だから似たような経験をする可能性はあるのだけれど、体の調子や置かれている状況は人それぞれ異なります。「私のときはこうだった」という〝自分バイアス〟があると分かり合えない。自分も似た経験をするからこそ、自分の色メガネで人を見ているかもしれない、と考えてみる機会も必要です。

女性同士でも相手と自分は異なる経験をしているのかもしれない、という想像力を持って、相手の話を聞いたり、困りごとを受け止めたりする姿勢がお互いに大切だと思います。

9

マウントを取ってくる人は受け流す

「マウンティング」「マウントを取る」という表現は、瀧波ユカリさんと犬山紙子さんの共著『女は笑顔で殴りあう　マウンティング女子の実態』から広まった言葉で、書籍が発売されたのが2014年ですからもうかれこれ十年経つわけですね。廃れる言葉が多い中、すっかり世の中に定着した感があるのは、そんなシーンがちょこちょこ起こりうるからでしょうか。

マウントを取ろうとしてくる人に対してどう対応するかという相談は確かによく寄せられますが、そういう人とは適当な距離を置くことをおすすめしています。

具体的には「なるほど」とか「はぁ」とか「そうなんですね」といった、可でも不可でもない素っ気ない言葉しか相手に返さない方法です。マウントを取ろうとしてくる人は大抵、根っこの部分で自分に自信がない人です。周りから一定の評価を得ていれば、わざわざ自分の優位性を誇示する必要なんてないはずだから。他人を貶《おとし》めて優越感に浸るタイプの人というのは、常にそのターゲットを探しているように私には見えます。

自分がそのターゲットになっている場合、相手の話に過剰に反応すると相手は勝ち誇った気分になります。そういうときは、できるだけ無表情で「ああそうですか」などの言葉しか返さずに関心のない素振りを見せる、あるいは「どうもありがとうございます。それは勉強になりますね」など他人行儀な丁寧語で話を終わらせる。その言葉にむざむざと傷つく必要はありません。受け流しましょう。

10

相手のパーソナルスペースを知っておく

人とのつながりにおいて、相手との「距離感」はとても大切です。相手が家族であっても、友人であっても、仕事の付き合いであっても、それぞれの人がそれぞれのパーソナルスペースを持っていることを認識しておくことが必要です。

人との距離感を縮めたい場合、「食事でもどうですか」とか「飲みに行きましょう」などの便利な常套句《じょうとうく》があります。誘ってみたら相手から「いいですね。明日はどうですか」と具体的に話が進むこともあれば、口ではOKをもらっても一向に実現しないことだってあるでしょう。

相手を受け入れるキャパシティとか、許容範囲とか、付き合う距離感というのは、一人ひとり異なることを頭に入れておく。まずそのことを知らないと、人間関係で躓《つまず》きます。

また、夫婦、親子、親友など相手のパーソナルスペースに踏み込める関係性であっても、人生におけるフェーズによって変化していくもの。たとえば、小さい頃の子どもが「ママ大好き」とべったりだったのが、成長したら「部屋に勝手に入らないで」みたいなことを言い出すとか。そんな変化は起こるものだと思っておく必要があります。

一人一人のパーソナルスペースを意識したコミュニケーションは、結果的にほどよい距離感の人間関係を構築することでしょう。

11

あいさつの一歩手前、会釈《えしゃく》を習慣に

コミュニケーションのきっかけとして、生活圏内で出会う人たちに会釈《えしゃく》をしてみるのはどうでしょう。同じ会社なのに言葉を交したことがない人とか、よく行くスーパーの店員さんとかに会釈をしてみるのです。会釈された方は嫌な気はしないので、そのうち言葉を交わすようになるかもしれません。

登山者はお互いすれ違うときに「こんにちは」と声を掛け合うのが当たり前だと聞きますが、私の地元（名古屋）の職場では、知らない人同士でも「こんにちは」「おつかれさまです」を言い合っていました。それが普通だと思っていたので上京して間もない頃、東京の職場でお互い無言のまま素通りするのを見て、正直とても驚きました。

街で声をかけられたとき、軽く会釈をしてすれ違うこともあります。わざわざ「こんにちは」や「こんばんは」と声を掛けるのは大げさですし、今では会釈をするのが一番しっくりきます。

「干渉しないのが東京人の優しさ」と聞いたことがあります。東京には、故郷の濃密な人間関係が肌に合わず、そこを飛び出してきた地方出身者が集ったコミュニティという側面があるような気がします。ですから、今では無言の空気を「冷たい」とは感じませんが、私としては何かしらのアクションを起こせたら。会釈は無言と挨拶の中間ぐらいのコミュニケーションとして、ちょうどいいんじゃないかと思っています。

12

自分から話しかける姿勢も大事

自分の性格が内向的だから友だちができない。何とかしたい、というご相談をいただくことは少なくありません。きっと、自分から相手に話しかけることが苦手で、相手から話しかけられるのを待っているタイプなんだろうと思います。

私自身も相当な人見知りです。「うそでしょ?」と思う方は少なくないかもしれませんが、実のところ私なりに努力しています。対人のコミュニケーションを要する職業でもあり、相手の情報も得たいので、前向きに話しかけるように心がけています。

少し厳しい言い方になってしまいますが、「友だちがほしい」「何とかしたい」と思っていながら相手から話しかけられるのを待っているだけというのは、シチュエーションとしては少々虫がいいのではないかなと思います。

そんな自分を変えたいならば、まずは意識的に笑顔でいる時間を増やしてみるのもおすすめです。

そして、習い事とかスポーツクラブとか新しく人と出会う機会があれば、誰かが話しかけてくれるのを待っているだけではなく、自分から話しかけてみるのもありです。会釈→挨拶からはじめてみては。

13

正しさよりも
優しさを
先に届ける

日常生活では「正しさ」を伝えようとすると、うまくいかないことが多くあります。特に「自分の正しさ」を振りかざすことは他者との分断を招きます。私の場合、医学的・科学的な話題については、できるだけエビデンスを用いながら、話をお聞きになる方が納得していただけるために、言葉を尽くします。

ただ、「考え方」や「生き方」などについては絶対的な正しさは存在しないと言えるでしょう。常識的な正しささえ、相手はそう思っていない可能性もありますし、時代とともに変化するものです。何より「自分の考えが正しい」「自分の言うことに間違いはない」と自信満々な人ほど、今の時代生きづらさを感じてしまっているように思います。

「考え方や生き方に絶対の正しさや正解などない」と心に留めておくことが必要です。そして「自分の正しさ」はある程度ファジーにし、正しさよりも「優しさ」を先に届ける方が生きやすくなるでしょう。

「それは違う」と感じても「そういう考え方もあるのね」とまずはふんわり受け止めてみる。無理に理解したり合わせようとする必要もありません。まずは否定せずに聞くことも、優しさです。優しさを先に届けることで、相手も気づくことがあるかもしれません。正しさよりも優しさを先に届けることは、多様性が求められる社会を生きやすくするコツだと思います。

14

「ご機嫌に過ごす」のは
能力ではなく
技術・スキル

私は毎日を「ご機嫌に過ごす」と決めています。

みなさんの日常において、全てが完璧に進んでいく一日なんて、そうはないでしょう。誰にだって想定外のことが起こるものです。それは電車に乗り遅れたとか、忘れ物をしたとか、物をなくしたとか。

そんな些細な出来事にも気持ちを引っ張られたりするのも事実です。そんなときに、「まぁいっか」と気持ちを切り替えたいわけですが、「今日も一日ご機嫌に過ごす」と決意していれば、起こった出来事に引きずられて、くよくよすることも減っていくでしょう。

嫌な出来事は今日一日の中の一部でしかなく、全体ではありません。

仮に嫌なことが6割を占めていたとしても、今日一日全部をいまいちな一日だった、とまとめる必要はないのです。そもそも元気に仕事に行けて無事に家に帰れたら合格点、と思ってもいいわけです。

あくまで、「ご機嫌に過ごす」のは能力ではなく、技術でありスキルです。自分の意思で身につけられることを忘れないでいてください。

15

出会いや別れは必然として受け入れる

人との出会いを〝縁で結ばれていた〟〝縁があった〟と表現することがあります。たまたま席が隣になったクラスメイトと社会人になったあとも交流が続いているとか、営業先の方に声を掛けられて交際がはじまったとか、気持ちが通じ合っていると思える人に遭遇すると、その出会いそのものが〝必然だった〟かのように感じることでしょう。

出会いもあれば、当然、別れもあります。

長い付き合いの友人が実は、お金にルーズな性格であることが判明、貸したお金を返すよう催促しても返事がこないとか、恋人にほかの交際相手がいることがわかり二度と連絡を取らないことに決めたとか、そんな別れも長い人生で起こり得ます。

よい関係だった人との仲がこじれて、コミュニケーションを持たなくなるケースは稀にあるかと思います。そんな想定外の別れも〝必然だった〟と捉えるのが自然です。そこで得た苦い経験も、これからのあなたの人生に必要な大切な学びと言えるからです。

人生には出会いもあれば、別れもあります。別れを残念に、悲しく思う気持ちもよくわかります。それでも、人生における喜びは人との出会いにあると、私は思っています。

16

嫌な記憶は自分の行動で上書きする

過去の苦い経験や辛い過去を乗り越えるためには、その記憶を上書きするのがおすすめです。つまり、新しい経験をすることで過去の経験を上から書き換えてしまうのです。これには、「自分から行動を起こす」ことが必要です。

過去の苦い経験に、失恋や別れがあったとします。たとえば、京都を思い浮かべると昔の恋人を思い出して辛くなるというなら、新しい恋人と一緒に京都を訪れればいい。

辛い思い出を作ることになった過去の出来事はケースバイケースですから、「そんなに簡単に言わないで」という意見が出るかもしれません。

しかし、「もう二度と○○に行かない」とか「もう二度と○○に会わない」と行動を封印するのではなく、あえてまたその場所に行ったり、当事者に再び会ったりすることで「乗り越えられた」という体験を聞くこともあります。

行動したことによって「自分って結構やるじゃん」みたいな自信につながることもあるし、新しい喜びの記憶が積み重ねられていくことは、とても素敵なことだと思います。

17

日常の行動を律する

時間や気持ちの余裕がなくなると、脱いだ靴を揃える、ゴミをゴミ箱に捨てるなど、当たり前のこともできなくなります。

「そんな場面は誰も見ていないから」と思うかもしれませんが、お天道様が見ています。そういう気持ちで自分の日常の行動一つ一つを律することが自分の自信になり、自分のことを好きでいられる理由にもなります。

日常の行動を律する意識は、自分自身の言動に説得力を持たせるためにも必要なことです。「誰も見てないからいいや」みたいな気持ちでいると、「あの人言っていることとやっていることが違うよね」と思われてもおかしくありません。

「普通の人ができないことをする」よりも、まずは「当たり前のことを当たり前にする」ことを心がけましょう。

当たり前のこととして「約束を守る」があります。たとえば、友人との待ち合わせであれば「5分くらい、遅れる！　ごめん」が通用するかもしれませんが、これがビジネスの場合、遅刻癖のある人や納期を守れない人には、大事な仕事を任されることはないでしょう。

「なりたい自分」に近づくため、磨いてきた強みを生かしていくためにも、当たり前のことを当たり前にできる自分でいたいものです。

18

人生の大きな波をどう活かすかは私次第

人生には大きな波がやってくるものです。何事もトントン拍子が続くときもあれば、「何もかもうまくいかない！」と嘆きたくなるような不調のときも。そんな波は、誰にでもやってくるものです。しかしどちらの波のときも、それを「チャンス」と捉えてみてはいかがでしょう。絶好調に思える波のときは、もちろん積極的に楽しめばいい。

問題は一見ネガティブな波のとき。どんな姿勢で問題に向き合うかが大切です。なぜなら一見ネガティブに思えても、実際それは、よいチャンスであることがほとんどだから。みなさんもこれまでの人生を振り返ってみて「あの出来事があったから今がある」と思える出来事を思い出せるのではないでしょうか。それが事故や怪我、病気といった、たいへんな出来事のこともあります。そのときは辛かったでしょうが、振り返ってみれば、あれがあったから今がある、と思えることもあるはずです。「病気をきっかけに生き方を見直した」「コロナで働き方を変えざるを得なくなったが、今になってみればよい機会だった」このような話は私のところにも多く届いています。

どんな出来事も捉え方次第。一見ネガティブに見える出来事も、結果的に「チャンス」にしていくことができるのです。ショック、辛い、悲しい、悔しい、そんな思いを経験したときこそ、その波をこの先人生にどう活かすか、という目で眺めてみていただきたいです。

第 2 章

仕事は人生の一部だから

19

どんな仕事にも
自分なりの
「納得感」を

最初の章で「人からの『がっかり』を恐れない」を取り上げましたが、仕事においてもその姿勢を崩さないことが望ましいです。あの人から認められたいとか、上司に褒められたいというモチベーションで張り切りこともあるでしょうが、終始そういうスタンスでいると、他人の期待値を軸にした働き方を続けなければならなくなってしまいます。

また、仕事が面白くないと感じながら働いている状況というのは、得てして自分で考えたり決断することなく、人から言われることを「はいはいはい」とただこなす働き方になっていることが多いように思います。

仕事は、自分が望む内容ばかりではありません。ただ、仕事全体の中で自分が望む仕事の割合を増やしていくためには、それぞれの仕事に対する自分なりの「納得感」を得ながら完了していくことが大切です。

生活していくための仕事、自分を成長させてくれると思える仕事、本当にしていきたかった仕事、それぞれに自分なりに意義を見出しながら自分が目標としている仕事のスタイルに到達できるよう、経験を積んでいきましょう。

20

仕事は
ほかの誰かでも
進めていけるもの

30代も特に後半以降、40代、50代でもそうだとは思いますが、自分のいたポジションが他の誰かに取って代わられるシーンが多くなります。

たとえば、後輩社員が頭角を現してきて自分を追い抜いていったとか、あるいは、自分に求められる役割のハードルが高くなり、前のポジションでは評価されていたのに新しいポジションでは評価されなくなったという状況に直面する。これらのケースでは、自分という存在自体を否定されたように感じると、お悩みの方も少なくありません。でも、この状況はどんな職場においても起こり得ることです。仕事というのは「ほかの誰かでも進めていけるもの」であることが望ましいわけで、そもそも「あなたじゃなきゃダメ」な状態の仕事は、いずれ継続していけなくなるでしょう。

これは産婦人科医の私としても同じで、ほかの産婦人科医の先生に診療を引き継いでいただいたとしても患者さんが困らないような、スタンダートな医療を提供しています。つまり、働く、という場においては体調不良や突発的な出来事で仕事を休む可能性があることを考えると、基本的にはほかの誰かが代わりになることができるのが健全な社会の姿です。

ほかの誰かに任せられるようになった分、ほかの仕事、ほかの役割を担うことができるようになった、そう考えると、職場における立ち位置の変化も、前向きに受けとめられると思います。

21

自分の強みに気づき磨く

そもそも世の中は、綺麗事が通じる現場ばかりではありません。仕事の場においても出来レースや忖度《そんたく》、ネゴシエーションが幅をきかせているのは事実です。ずるい人や、うまくやっているなと感じる人、あるいは器用に立ち回れる人を見てうらやましく思い、自分が損をしている気持ちになるかもしれません。でも、それを嘆くだけでは状況は変わりません。

なかなか評価されない、そんな風に感じているのであれば、あなたにとって「これだけは人に負けない」ことを探してみてください。そこを大事に、伸ばしていくことをおすすめします。

たとえば、スポーツの世界では、持って生まれた骨格や体格によって優劣がつくこともあります。それでも「人に負けない」と自分が思えるスキルを磨くことで、それが人とは異なる強みになり、体格の差を凌駕《りょうが》することがあります。

あなたにとって「自分ならではの強み」はなんでしょう。そこを磨けば必ず自分らしさになるはずです。自分にとって「当たり前にできること」「たいしたことではないと思っていること」でも、他の人からは「すごいな」と思われていることがあるものです。そこに気づき、掘り下げ、大切に伸ばしていってほしいのです。

その強みを磨き続けると、それはいずれ仕事の枠を超え、仕事以外でも、周りとうまく場を築いていくスキルとなっているでしょう。

22

ストレスに「強くなる」のではなく「鈍感でいる」

第2章

仕事は人生の一部だから

人生において、日々さまざまなストレスを経験します。避けようと思っても避けられないストレスもありますよね。最近は「レジリエンス（回復力、しなやかさ）」という概念が広まり「ストレスに直面しても、いかにしなやかに回復するか」にフォーカスする時代になっています。もちろん、柳のように柔らかく曲がり、元に戻ることができたらいいわけですが、なかなかそうもいかず、ストレスに押しつぶされ、心が折れてしまうこともあるでしょう。

世の中では、「ストレスをいかに対処するか」「ストレスフルな状況からいかに抜けるか」について説かれたりしますが、「ストレスをストレスと認識しない」のもおすすめです。鈍感でいる自分を心がけ、気になる物事をできるだけ気にしないように過ごすのです。

目の粗《あら》いふるいをイメージしてみてください。その中にストレスだと思うことを入れてふるってみると、案外、するするとこぼれ落ちていくこともあるのではないでしょうか。「人から嫌味を言われた」「仕事を急かされている」「同時にあれもこれもやらなくちゃいけない」……。でも、もしかすると一日、一週間、一か月、一年が経過したときにはすっかり忘れてしまっていて、ふるいの目に残らないものだったりするのでは。

今、すごくストレスに感じていることでも、実は「どうでもいい」ことも少なくなく、それらは本来、スルーしていいはず、なのです。一方で、それでも頭に残るものは、あなたにとって大切なこと。ストレスを感じながらも、まずはそこに向き合う必要があると思います。

23

心に鎧《よろい》を着せ、自分を守る方法を身につける

目の粗いふるまいをイメージして、自分にとって重要でないものに対して鈍感でいるあり方をご紹介しましたが、もう一つ、ストレスと向き合う際におすすめの方法があります。それが「心に鎧を着せる」イメージです。

自分にとってストレスフルな状況下で心を傷つけられるかもしれない、と感じたときは自分の心に鋼《はがね》の鎧を着せてしっかりと守り、何ものにも心を傷つけられまい、と意識してみること。そうすることで、相手からの突発的な言葉やふるまいによる心の深い傷を負うことなく、切り抜けられます。世の中には無意識な相手から傷つけられる場合もあれば、意図的に攻撃してくるケースだってありますから。

世の中のさまざまな刃からガラスのハートをあらかじめ守っておくこと。自分の大切な心をむざむざと傷つけられることがないよう、匿名でのコミュニケーションや雑多な人間関係の場においては特に、心を鎧で守る意識をおすすめします。

効率、スピード、マルチタスクが求められる社会です。この社会でうまく生き抜く知恵より、自分の大切な心を守る方法を持っておく方がずっと大事なことだと思います。一度傷ついてしまった心を回復させることは至難の技ですから。

24

日常的に
よく使う言葉を
変えていく

「言葉」には私たちが思っている以上の力があります。自分のことをネガティブだと思っている人は日頃からネガティブな言葉を意識せずに選ぶことが多く、思考回路もネガティブな可能性が高いです。

日頃から「どんな言葉を使うか、どんな言葉を選ぶか」については、強く意識しておきたいもの。特に、日常的に無意識に口から出てしまう言葉を変えていくと、考え方、自分の心持ちも変わり、結果として起こる出来事や付き合う人も変わっていくことでしょう。

「疲れた～」と口にしそうになったら「私、よく頑張った！」に変えてみてはいかがでしょう。「忙しい！」と言いそうになったら「いっちょやりますか！」に。「イライラする」なら「あー、イライラした！」と過去形に、など、いくらでもポジティブに言い換えられます。慣れるまでは多少のくり返しが必要ですが、やがてそれが当たり前になり、思考回路も変わっていきます。ほかにも「そんなの無理！」は「できたらすごい！」に、「面倒くさい」は「ここが山場かな」など。

ポジティブな言葉を選ぶよう意識して、普通の会話でも日常的に使うようにする。自分が発した言葉を最初に耳にするのは、ほかでもない自分ですからね。

25

イライラに対応するカードを持っておく

なるべく鈍感に過ごしていても、人の言葉に傷ついたり、ネガティブな気持ちから抜け出せなかったり、そんな自分にイライラしたり、嫌気がさしたりすることもあるでしょう。

でも、自分の気持ちを切り変えられるのは自分しかいません。だからこそ日頃から、自分がどんなときに気持ちが晴れるか、いまいちな気分をどうしたらひっくり返せるかを観察し、それを手持ちのカードとして持っておくことをおすすめします。「コーピングリスト」とも呼びますが、強いストレスを感じたときの対処法リストとして、いつでも見られるようスマホのメモ機能に入れておいてもよいかもしれません。

私は「とりあえず寝てしまう」「レモンスカッシュを飲む」「ぼーっとしながらシャワーを浴びる」「猫たちとゴロゴロする」などがお気に入りの気分を切りかえる方法です。人によっては「サウナに行く」「マッサージに行く」「お買いもの」「スイーツを食べる」などかもしれませんね。ストレス解消の方法は一つではなく、複数持っておくのがポイントです。そのときの状況や体調、天候などに合わせて選べるほうがいいですよね。

自分の機嫌を取るのはあくまで自分です。ストレスやイライラはある意味、突発的な大雨のようなもの。あらかじめ折りたたみ傘を持っていたら雨に濡れずにすむのと同じで、気分を切りかえる方法を心に用意しておけばたいていのことはどうにかなります。

26

「どうでもいい人」の反応はスルーする

第2章

仕事は人生の一部だから

メディアで発信を続ける中で、私もさまざまなお言葉やご意見をいただきます。基本的にどんな言葉もありがたいものですが、中には「読まなくてもよかったかな」と思うものもあります。

何より、私に届くご相談の中にも、「他者からの心無い言葉に傷ついた」というお悩みは少なくありません。インターネットの時代になり、ＳＮＳを中心に誹謗中傷が社会問題化しています。

ただ、他者からの感情的と思えるような評価や言葉、もっと言えば周りの反応にいちいち振り回され、心を痛めるのは時間やエネルギーの無駄遣いだと思います。

まずはその言葉を掛けてきた人が「誰なのか」をはっきりさせましょう。それがあなたの大切な家族や友人からの言葉なら、その言葉の意味や相手が伝えたかった真意についてしっかり考えてみる必要があるでしょう。でも、もし一度も会ったことがない人、ましてや匿名のメッセージなら、それはスルーでよいのではないでしょうか。

私だったら「華麗にスルー」と言葉にして、その話題を終わらせるでしょう。たいていの場合、その発言をしてきた相手にそこまで深い意図はなく、その瞬間の思いを伝えてきているに過ぎないと思うからです。こちらが反応しなければ、相手はまず追ってきませんからね。

時間も思考も体力も有限です。ぜひ、大切な人や大切なことに使いましょうね。

27

人の本質が
見えるのは
想定外の出来事が
起こったとき

第2章
仕事は人生の一部だから

仕事において私たちは、まず、目の前の仕事に真摯《しんし》に向かうことが求められます。日々のルーティンワークに向かう姿勢こそが、仕事上のあなたの評価のベースとなります。ですから、いつもの仕事をおろそかにしてはいけません。なるべくミスがないように、丁寧に、をくり返していくことで仕事の質は上がり、職業人としても成長していけることは間違いないでしょう。

一方で、人間の本質が見えるのは「想定外の出来事が起こったとき」です。アクシデントやトラブルが起こったときに、あなたがどんな発言をし、どんな態度でその出来事と向き合うか。その姿勢で、あなたの最終的な評価が決まると言っても過言ではないと思っています。

たとえば、上司と部下で車で移動中に、渋滞に巻き込まれたとしましょう。普段は温厚そうな部下が急に荒い運転になったり、暴言を吐いたりしたら同僚としてがっかりしますよね。レストランで提供があまりに遅れたり、オーダーと違うものがサーブされたりしたときに、お店の人にどんな言葉をかけるか、そんな場面に、その人の本質が出るものです。

人にも物にも出来事にも日頃から丁寧に接することができる人は、トラブルやアクシデントに見舞われたとしても慌てずに穏やかに、落ち着いて対応できるでしょう。

私は初めて訪れたお店など想定外の出来事にうまく対応してくださった方と、もう十数年の付き合いになっています。ありがたい出会いに感謝しています。

28

オーラは
醸し出すものではなく
周囲が
感じ取るもの

私にはオーラがない、どうしたら先生のようなオーラのある女性になれるのか、といった質問を受けることがあります。

でもオーラって、自分で出そうと思って出せるものなのでしょうか？ オーラは自分で出す、という類のものではなく、周囲の人たちが感じ取るものだと私は思っています。

一方で、オーラを出そうと過剰に着飾ったり、背伸びをしたりするのはちょっと違う気がします。オーラの正体は何なのか考えてみると、その人が内側に携えている「自信」だと思うからです。

自分に自信がある人は、いつもどんな場面でも背筋がスッと伸びていて、言葉も行動も堂々としています。目に力があり、瞳が輝いていて、いつもよい表情をしているものです。それがオーラとなって周りに伝わり、「あの人は雰囲気がある」「あの人ってかっこいい」と周囲の目を引くことでしょう。そんな人に、オーラがある、と感じるのではないでしょうか。

日々やるべきことに真摯に取り組み、経験を着実に積み重ねることで得た揺るぎない自信を持っている人。そんな人に私はオーラを感じます。

オーラのある人になりたい。そう思うのであれば、自分が使う言葉を選び、行動を律し、姿勢と表情を意識して、自分に自信を持てるような時間を積み重ねていきましょう。

29

仕事を人生の目標につなげる

第 2 章

仕事は人生の一部だから

「仕事がつまらない」「本当はもっと違う仕事がしたい」と、今目の前にある仕事に不満を感じている人は少なくないようです。中には「所詮ライスワーク（お給料のためだけに仕方なくやっている仕事）だから」と、ただ仕事をこなせばいい、と考えている人もいるようです。

仕事に対する考え方は人それぞれ。私のように自分のなりたかった職業に就けた人、憧れの企業の一員として働けている幸せな人は毎日、とても前向きな気持ちで仕事に向かえているかもしれませんね。でも、自分の好きな仕事だけで食べていける人はそんなに多くいません。「何となく」「ちょっと得意だから」「苦手だけど任されているから」と、「好きでも嫌いでもない」状態で仕事をしている人が多いのも現実です。

それでもご縁があって任されている仕事は、どんなものであっても自分の人生の一部です。だからこそ、目の前の仕事をただ「こなす」のではもったいない。

慢然と働くのではなく、自分が仕事を通して「達成できたらいいなと思っていること」を意識してみましょう。その上で、日々の仕事こそ大きな目標を叶えるためのベースになっている、毎日の仕事が人生の目標につながっている、という納得感を持って仕事に向き合ってみてください。

ほかの誰のためでもなく、自分の人生の目標につながる働き方をすることで、仕事も人生もきっと充実していくことでしょう。

30

今が
充足した先に
やりたい仕事が
待っている

自分が「人生で成し得たいこと」や「ビジョン」をはっきりさせ、日々の仕事がその大きな目標を達成するためのベースになっている、と納得感を持って仕事をする。

この視点が持てれば、毎日の「役割」こそが人生の大きなゴールに向かう推進力となっていることに気づき、感謝の気持ちを持ちながら仕事ができるはずです。

自分が担う役割が専門的な仕事でなくても、理想とする収入や働き方とは違っていても、焦る必要はありません。理想は異っていても任された仕事がある以上、まずは責任を持ってそれにしっかり取り組むこと。それが土台です。

その上で、もし自分の希望を聞いてもらえるなら、この土台の上に積み上げる。新しいチャレンジができるならさらに、その土台に積み上げる。この繰り返しによって、いずれは自分のやりたかった仕事に手が届いているはずです。まずは今の環境や周りの希望に沿い、しっかりと充足させる。その上で自分が本当にしたいことに少しずつ近づいていく。人生においてしたいことや、理想、ビジョンをいつも頭に置き、仕事をただこなすのではなく、自分の人生の目標に近づくための大事な取り組みとして積極的に進めてほしいと思います。

一見、目標とはほど遠いと感じる仕事にも、自分の目標達成のために必要な要素となる学びはきっとあるはず。こんな考え方を持って目の前にある仕事に取り組めば、日々の仕事は今よりもっと充実していると感じられることでしょう。

31

自分の頑張りを
一番よく知っているのは
自分自身

よりよい人生を求めるのなら、目標に向かって努力することが必要ですが、残念ながら努力したことが全て報われるわけではないのが世の中です。自分なりに頑張ったことが、誰からも評価されないこともあるでしょう。ここで、「どうせ頑張っても報われないから」とか「どうせ誰からも評価されないから」と努力をやめてしまうのはもったいないこと。

なぜなら実際に手を動かし、さまざまな思いをし、汗をかいて、努力しくり返したことは、確実に自分の経験として積み重ねられるからです。自分が努力したという事実、その経験は、他者から評価されようがされまいが変わることのない事実なのです。

何より、頑張ったことを一番よく知っているのは自分自身。十分頑張ったなら、人に評価してもらわなくたっていい。自分で自分の頑張りを認める。努力が報われたかどうかも自分で判断すればいいのです。

「こんなに頑張ったのに誰も評価してくれない」と拗《す》ねる前に、「本当によく頑張った！」と自分を褒め、自分を讃えてください。それだけでも自分なりの充足感を得られるのではないでしょうか。

他者のため、あるいは評価のために頑張るのは案外簡単です。でも、これからの自分のために、他者の評価とは関係なく努力を続けるには信念が必要です。自分のための努力こそ、自身の実りとなり、自信につながることでしょう。

32

怒りやイライラを感じたらまず沈黙

怒りやイライラが湧き上がったとき、その感情をそのまま世間にぶつけると状況はたいてい悪化します。きっかけはほんの小さな怒りだったはずが、感情を言葉にしてしまうことで怒りが増幅し、周りも巻き込んで歯止めがきかない状況に至ってしまうようなシーンは、みなさんも想像できることでしょう。

「こんな仕事もう嫌！」「そんなの無理！」「だから言ったじゃない！」など、そのときの気持ちをそのまま言葉にするのは、いらだちや怒りの感情を相手にぶつけているだけです。それで物事が解決することはまずなく、状況はさらに望ましくない循環を生むことでしょう。

ストレスやネガティブな状況に、怒りやイライラが込み上げてきたら、まずは「沈黙」です。とにかく黙る。すぐに言葉にして毒を吐かない、と決めましょう。これは、感情コントロールのテクニック。ネガティブな感情が現れたときはまず沈黙し、深呼吸して気持ちが少し落ち着くのを待ちましょう。怒りの感情は6秒で収まるという説もあります。その際に「私は、自分の感情をコントロールしている」と意識するとなおよいでしょう。

さらにその感情が起こった理由を考えます。「無理を強いられた」「自分だったらそんなことはしない」など、感情に火がついた理由を探ります。必要であれば、冷静に自分の気持ちを相手に伝えましょう。怒りやイライラが生む感情的な言葉ではなく、そんな気持ちが生まれた背景を伝えることではじめて、状況は改善に至る可能性が生まれます。

33

仕事を人生のすべてにしない

「仕事が大好き」。それは素晴らしいことです。でも、仕事が人生そのもの、ではありません。どんな仕事も「誰かに代わってもらえる状態」が社会のあるべき姿であり、総理大臣のような要職でさえ、時期がくれば交代していく役割です。役割を交代しても、ちゃんと継続していけるのが望ましい社会のあり方です。でも、たいていは、「私がいないと大変なことになる」「私が休んだら回らない」と思い込みます。そう信じて無理することで、オンとオフのバランスが崩れるのです。

さらに、仕事が人生の全てになっている人の多くは、休むことが苦手。うまく休みを取れていないために、突然体調を崩してしまったりもします。また、仕事がうまくいかなかったときに、人生の全部がダメになってしまったような気分になることもあるでしょう。

心当たりがある人は一度立ち止まって、仕事以外の時間にも意識を向けることからはじめてください。

趣味や家庭などプライベートが充実していると、仕事がうまくいっていないときに、仕事以外の環境が自分を支えてくれるでしょう。仕事上のモヤモヤをプライベートで緩和させ、前向きな気持ちで仕事に向き合えたら理想的です。

いずれは仕事も終えるときがきます。その頃、自分自身が納得できている、そんな時間やエネルギーの使い方が望ましいのではないかと思っています。

34

なりたい自分をイメージしたら行動に移す

ありがたいことに、今の私はクリニックでの診療、スポーツドクター、産業医、テレビ出演、雑誌、書籍、音声メディア、ヨガ指導など、いろいろな活動をさせていただいています。実はこのような働き方は今から10年以上前、私が大学病院の勤務医だった頃から思い描いていたものなのです。

当時から私は、病院やクリニックで患者さんを診る医師としてだけではなく、メディアを通じて情報を発信する活動をしようと考えていましたし、今のようないくつかの柱を軸にした働き方をしている自分の姿をはっきりイメージしていました。

ですから、そのための活動もコツコツ積み上げてきたものです。たとえば小さな講演会を自分で開催したり、スポーツクラブでヨガのプログラムを提供したり、現在の活動につながるような、具体的な行動をくり返してきたのです。

願えば叶う、引き寄せの法則、とスピリチュアルにまとめることもできるのかもしれませんが、実際に、自分はこうなると強く思い、そんな自分に近づいていくために具体的な行動や努力を積み重ねることで、理想を現実にしていくと考えています。

当時私が書いていたノートを見返すと、今まさに私がしていることを望み、イメージしていたことがはっきりとわかります。この先の5年後、10年後についても、明確なビジョンを持って進んでいきたいと思います。

35

なりたい自分に
なるための
近道はない

なりたい自分になるため、そして理想の自分であるためには、その姿を具体的にイメージし、行動を起こすことが必要です。ただ、理想の自分になるための魔法やショートカット、近道はありません。

「どうやったらあの人のようになれるのだろう」

誰かに憧れてそう考え、憧れの人をまねてみることはよいことです。でも憧れのその人が歩んできた道のりにも、そこまで積み重ねてきたものが必ずあるはずです。本来、まねるべきは、今すぐ実践できるテクニックやＨＯＷ ＴＯではなく、外からはなかなか知ることができないであろうその人が積み上げてきた努力の時間ではないかと思っています。

医師としての自分もそうです。自分が5年目、10年目だった頃を思い出してみても、そこからいきなり20年目の医師にはなれないとわかっています。社会における多くの仕事が、経験や積み重ねを必要とする世界のはずです。

誰もがインターネット上で発信できる時代ですから、何かがきっかけで世の中からスポットライトを浴びるチャンスがあるかもしれません。でもそれさえも、実は途中経過に過ぎません。注目されてゴール、ではなく、その最中も自分の志を揺らがせることなく、その先に続く自分の道を自分でイメージし、行動に移し、なりたい自分に近づいていく。そんなプロセスは何よりもわくわくする充実した時間となるでしょう。

36

してみたかったことに
どんどんトライ
人生の時間は
たっぷりある

40代、50代の女性から「子育ても終わって人生もおしまい」とか、「今さら〜したって」といった相談をいただくことがとても多いです。40代、50代は心にも体にも環境にも変化が起こりやすく、不安や悩みが多い世代であることは間違いありません。しかし、人生折り返しを迎えているかどうかもわからず、まだまだ新しいチャレンジができる年齢であることを忘れでないでほしいです。

「新しいことにチャレンジする姿勢」は、何歳になっても持てるもの。運動、パソコン、旅、楽器、アート、語学などの学び……。新しい取り組みをはじめることで、新しい仲間や価値観にも出会えるでしょう。柔軟に考えれば楽しみはいくらでもあります。本来、残された人生が長いほど、うれしい気持ちになれるはず。私たちは60代、70代になっても、もっと言えば命を終えるその前日まで新しい何かにトライできる。これからできることがまだまだ山ほどある中で、人生を悲観的に考える必要は全くありません。

「もう歳だから」とネガティブな気持ちになったら、自分が今までしてみたかったことを一つでも実行に移してみてください。心と体はつながっていると言われますが、頭で考えてばかりではなく、とにかく一つでも行動してみる。一つでも二つでもわくわくするアクションにチャレンジしてみましょう。人生の時間はまだまだたっぷりあります。「人生を楽しみ尽くす！」くらいの気持ちで、毎日積極的に行動してみてくださいね。

第 3 章

愛とか恋とか
だけでない
パートナーシップ
のかたち

37

好きな人を自分から喜ばせる

第3章

愛とか恋とかだけでないパートナーシップのかたち

恋愛や結婚に関する悩みの多くは、「相手が〜してくれない」ことへの不満や不安が根本にあることが多いようです。でもよく話を聞いてみると、悩んでいる側も、相手に対する働きかけが十分できていないケースが少なくありません。

恋愛でも結婚でも、相手に対する不満に目を向ける前に、「相手が喜ぶと思うことを自分から率先しておこなう」という気持ちを持ち、実際に自分から動いてみることが、良好な関係の維持にはとても大切だと思います。「相手が動くまで自分は動かない」「相手がしてくれないから自分もしない」という考えでは、いつまで経っても状況はよくなりません。関係性をよくしたいのであれば、自分からのアクションは非常に有効です。

喜びや楽しみが多い人生を送っている人はみな、「人を喜ばせる」ことを進んでしています。「好きな人が喜んでる!」「役に立てる」「貢献できている」と感じられると、人生は充実するものです。自分が嬉しいかどうかだけでなく、自分以外の誰かを喜ばせることができるかどうかが、人生をさらに豊かにしていけるかに大きく影響を及ぼします。「自分からは動きたくない」なんて、行動を出し惜しみしているのはもったいないことだと思いませんか?

不満や不安な気持ちは一度横に置いて、自分から先に感謝の気持ちを伝える、相手を思って何かしてみる、など自分からポジティブなアクションを起こしてみてください。その際に、押しつけがましくない姿勢も大切です(笑)。

38

「貢献」を意識するとうまくいく

私が人生で積極的にしたいと思っていることは、誰かの役に立つことです。毎日の何でもない日常において、私の言葉や行動で身近な人たちが喜んでくれるとしたら、これ以上嬉しいことはないです。つまり、私の大切なキーワードの一つが「貢献」なのです。

私が貢献できる先にはいろいろありますが、まずは自分の近くにいてくれる人への貢献が最優先です。日常的に顔を合わせ、くり返しコミュニケーションを持つ関係にある人たち、つまり家族や友人、仕事の仲間などの役に立ちたい、喜ばせたい、といつも思っています。私の毎日の生活にいてくれる大切な人たちが笑顔じゃないのに、その先の世界に貢献するのは順番が違います。仕事はうまくいっているけれど、家庭はギズギス。これは順番が違うと思う、よくある例です。

パートナーシップにおいても、「役に立つ」を意識する姿勢はおすすめです。大切な相手や仲間に「私から貢献しよう」「温かい気持ちを届けよう」、そんなふうに考えて行動する。そうすればパートナーや家族との関係性も今以上によくなるはずです。そしてその積み重ねが、目には見えない「絆」として育まれていくのではないでしょうか。

ただ、そばにいてくれている、存在してくれている、それだけで、大きな貢献であることも忘れないでください。何かができるとか、具体的な役に立てるとか、とか関係なく、ただいてくれることがありがたい、そんな方たちとの人生は素晴らしいものですよね。

39

自分以外の人と
100%
わかり合える
ことはない

ちょっとドライに聞こえるかもしれませんが、親でも子どもでもパートナーでも、自分以外の誰かと100%わかり合えることはありません。「恋人だから、家族だから、子どもだから、きっとわかってくれるはず」、そう思いがちですが、すべての物事に対して感じることや受け止め方は一人ひとり異なるもの。

相手は自分ではないのです。家族だから、近くにいるから、長い付き合いだから……と思うわけですが、誰かと100%理解し合えることはなくてもおかしくない、という大前提を心に留めておくべきです。

だからこそ、自分のことをわかってもらう努力は近しい人にこそ必要です。お互いのために「ちゃんと伝える」取り組みを怠ってはいけません。もちろん相手の話も「しっかり聞く」必要があります。人間関係における多くの問題は、コミュニケーション不足で起こるとされています。相手に伝えているようで伝わっていない。相手の話を聞いているようで聞いていない、間違って理解している。ちゃんと伝え、受け止めていれば起こらない誤解は減らせるはずです。パートナーシップの問題についてご相談いただいた際に「そのことについてパートナーとお話されていますか」と伺うと、「話せていない」とか「言わなくてもわかっているはず」「これくらい察してほしい」といった回答がほとんどです。近しい人とのコミュニケーションは本当に難しい。これは事実ですが、この事実を認めた上での努力が、お互いに必要です。

40

パートナーシップは
少しずつ
変化するのが
普通のこと

第3章

愛とか恋とかだけでないパートナーシップのかたち

私たちは常に変化しています。いつもと同じ毎日でも、私たちは少しずつ変化しているもの。目にみえる部分も目に見えない部分も変化しているのが実際です。この変化を認識していない人が少なくありません。

パートナーシップにおいて「相手が変わってしまった」と悩む相談が多いですが、自分だってどこか変わっていっているはずです。友人もパートナーも自分も、変化のスピードはそれぞれ違いますし、環境面や周りにいる人たちなど多角的な変化によって、これまで通りの関係性でいられないことがあったとしても、あり得ることと、考えられるのではないでしょうか。

二人の関係性が変化してきたときにすべきことも、やはり「話し合い」でしょう。変化が生じたタイミングで、どうしたら二人の関係が今以上によくなるのか、結婚・離婚・再婚・卒婚・別居など、さまざまな選択肢の中から二人の関係性、あり方を見直せばいいと思います。ただし、大前提としてまずは「自分がどうありたいか」、そして今後どうなりたいかを意識し、譲れる部分と譲れない部分をはっきりさせておくことが大切です。パートナーシップについては、あり方の多様性が認められるような社会になってきています。相手が変わってしまったことを嘆くのでなく、相手の成長だと喜べたら、自分も成長したいと思うはずです。一方で、自分が成長して相手との関係性を終わらせたいと思うことがあるかもしれません。それが進化と呼べる変化であれば、喜ばしいこととして受け止められるでしょう。

41

パートナーシップ継続のコツは少しの緊張感

パートナーシップが変化していくのは普通のことだと話しましたが、望ましくない変化の一つが、相手への緊張感が薄れてしまうことだと思います。

二人の関係性が穏やかで、心地よいものであるのは素晴らしいことです。でも、それがあまりにも当たり前になり過ぎてしまうと、感謝の気持ちを伝えなくなる、相手への思いやりや配慮が欠けてしまう、相手を喜ばせたいという気持ちにならないなど、そんな関係性はやがて破綻《はたん》してしまうでしょう。

このような破綻は、もしパートナーが変わったとしても自分が変わらなければ、またくり返し起こります。そうならないためには、自分がパートナーに対し「感謝を伝えられる」「思いやりのある態度で接することができる」「配慮のある言動ができる」「相手を喜ばせる」、そんな、人として成熟した人間であることが望ましいですよね。

これはある種の緊張感を必要とするスタンスです。一方で、だらしなさ、傲慢さ、配慮のなさ、言葉の足りなさは「相手に不快な思いをさせない」「相手を人として尊重する」というう少しの緊張感が足りてないから起こる行動です。よいパートナーシップを継続させたいのであれば、心地よい緊張感はお互いに必要です。心地よさの中に適度な緊張感があることで、それぞれがよりよく変化していけると思っています。

42

自分らしくいられる
自分のための
時間と空間を

緊張感を持って相手とよい関係を築いていくことの背景には適度な「マイペース」があります。相手に喜ばれる姿勢は大切ですが、自分のことを後回しにしてパートナーに尽くしてしまうと継続することは難しく、やがて関係性に破綻が生じるでしょう。

まずは自分にとって心地よいスペース（空間）が必要です。自分の個室が持てないのであれば、キッチンでもカフェでも、スポーツクラブでも、自分ができればひとりで、ホッとリラックスできる場所を確保しましょう。

女性の多くが「仕事の顔」「妻の顔」「母の顔」「（親に対して）娘の顔」「嫁の顔」と複数の役割をこなしています。どれも「自分」であることに間違いありませんが、それらの「顔」ではない、「ただの自分」でいる時間も必要です。本当の自分は何が好きで、何をしたいのか、人のためではなく自分のためには何を頑張りたいのか、誰かのための自分ではなく、自分のための自分、に戻り、向き合う時間です。

周囲に迷惑をかけない範囲で、あくまで自分のために心地よく頑張れる状態、楽しめる状態、これが私の考える適度な「マイペース」です。

自分ファーストでいられる時間や空間があるからこそ、ほかの誰かの役に立てるもの。そういう自分でいれば、家族の誰かが「役割の顔」ではなく「自分」に戻っているようなときにも、暖かく見守り、支えることができるのではないかと思います。

43

「解釈力」を磨くと イライラは グッと減る

パートナーに対するストレスについての相談も多く受けます。でも、どんな物事も捉え方、受け止め方一つで変わります。ストレスだと思っていたことが、こちらの受け止め方を変えることでたいしたストレスではなくなったりするもの。つまり、目の前で起こった出来事をどう解釈し、どのように捉えるか、この「解釈方法」によって日常のストレスやイライラを感じずに過ごすことができるわけです。運がいい人は「ポジティブ」だと言われます。

運がよければポジティブでいられるのは確かですが、ポジティブに解釈していると、運がいいと思えるのもその通りだったりします。たとえば、何かにつまずいたときに「何でこんなところに段差があるんだ！」「危ないじゃないか！」と怒りのスイッチが入る人もいますが、「つまずいたけど、転ばないでよかった！」と思える人もいるわけです。

何でもかんでもポジティブに捉える必要はありませんが、物事をどう解釈するかは自由ですし、これは思考回路の癖による部分が大きいものです。起こった出来事をなるべく前向きな方に解釈する癖をつけると、毎日がグッと楽に過ごせるようになります。

「パートナーがありがとうって言ってくれない、ああ、イラつく！」と思うのなら、「きっと私にありがとうを言うこと、忘れちゃっているんだな」と解釈した上で、穏やかに「ありがとうって言われたらうれしいな」と伝える。少しずつではありますが、物事に対する捉え方を自ら変えていくことはできるものです。

44

思いや言葉
姿勢など
形にならないものを
重視する

これからの時代、思いや言葉など形にしづらいものに、ますます重きが置かれていくのではないでしょうか。

恋愛やパートナーシップにおいても、自分の中にある温かな言葉や思いやりのある言葉を選び、気持ちのよい時間や心地よい空間を作るイメージを持ちながら、相手と時間や空間を共有することが、これまで以上にずっと重い価値を持つようになると思います。

便利な世の中、すでにいろいろなサービスがあり、炊事・洗濯・掃除など、家事はいくらでも外注できます。でも相手のその日の体調やスケジュールを考慮して作った食事、ひと手間かかった洗濯や自分たちの好みに合わせて整えた空間、これらは全てプライスレスです。

メールやLINEで感謝の気持ちを伝えることは簡単ですが、その分、同じテーブルについて、相手の目を見て感謝の気持ちを伝える機会は少なくなっていて、だからこそ価値があると言えるわけです。

もしパートナーシップがギクシャクしていると感じるなら、まずは心を込めた温かい言葉を、相手の目を見て直接伝えてみてはいかがでしょうか。ぜひ、思いを込めた時間や空間を共有してみてください。

人との関係性こそ、形にならない部分によってその質が変わると思います。

45

「してあげる」「与える」という言葉は使わない

私が普段から使わない言葉に「してあげる」と「与える」があります。

きっかけは、「買っておいてあげるから」と言われたときに強い違和感を感じたこと。この言葉は今後使わないようにしよう、と決めました。「買っておくね」でいいのに、あえて「買っておいてあげる」と言うときの「してあげる」感に何とも言えない気持ちになります。「与える」についても、たとえば「〜から影響を与えられた」と書くより「〜から影響を受けた」の方がしっくりきますし、「影響を与える」も「影響を及ぼす」とした方が上下関係のないフラットな感じがします。これは、私自身が人間関係において「対等である」ことを、いつも強く意識しているからだと思います。

パートナーシップにおいても「ご飯を作ってあげる」「掃除をしてあげる」「給料を稼いでやっている」「俺が（私が）食べさせてやっている」など、上下関係を感じさせる言葉を使う人がとても多いと聞きます。親子でも「宿題を見てあげる」「絵本を読んであげている」「手伝ってあげる」といった言葉遣いをされている方がほとんどです。親子関係においてはわからなくもありませんが、パートナーや家族と対等な関係が望ましいのであれば、まずは使う言葉から変えてみてはいかがでしょう。相手に「してあげる」と言われて嫌な感じがするなら、まず自分が使うのをやめてみるとよいと思います。言葉の力はとても大きいです。使う言葉を変えることで、少しずつ関係性が変わっていくと思います。

46

気持ちは自分で立て直す

気持ちが落ち込んだとき、それを切り替えてくれるのはパートナーや家族ではなく、あくまで自分自身です。これは成熟した人の「心得」といっても過言ではないと思います。

「怒り」や「悲しみ」、「不安」といったネガティブな感情が沸いたからといって、その感情をパートナーにぶつけても問題は解決しません。いくら器の大きなパートナーでも、受け止めきれないこともあるでしょう。「私がイライラしているのにあの人は無関心にスマホを見ていて、ますますイライラする！」なんて話、冷静に考えると八つ当たりでしかない。

私たちの脳の中には「前頭前野《ぜんとうぜんや》」という場所があります。前頭前野は物事を考える、判断する、感情をコントロールする、コミュニケーションする、集中する、などまさに脳の中枢です。この前頭前野が、気持ちを切り替えるスイッチの役割を果たしています。

「自分の頭の中には気持ちを切り替えるスイッチがある」とまずは自覚しましょう。ネガティブな感情が湧いてきて、それを誰かにぶつけそうになったとき、解決できるのは「ほかの誰かではなく自分自身でしかない」と思い出しましょう。

その上で、深呼吸をする、心に鎧をまとう、運動をする、歌う、ノートに書き出す、寝るなど、自分の持っている方法で感情を変えていきます。これをくり返し経験するうちに自分の感情を上手に立て直していけるようになることでしょう。

47

「結婚したい」より「パートナーシップを育む」が大事

職業柄、妊娠・出産、そして結婚や離婚に関するご相談をいただくことが少なくないのですが、特に結婚については、そのあり方がここ数年でずいぶん変化していると感じます。

とはいえ、今の日本では「結婚してから妊娠する」という流れが約9割で、結婚せずに出産するケースはまだまだ多くはありません。産婦人科医としては、結婚と妊娠の順番が逆でも問題はないと考えていますし、社会的な困りごとが出てくるかもしれませんが、妊娠して結婚しなくても別にいいわけです。これからはますます多様性が認められるようになり、同性のパートナーと暮らすケースなども増えることでしょう。また、私たち一人ひとりの価値観も少しずつ変化する可能性が十分にあります。たとえば「何も考えずに男性と結婚して出産したけれど、実は女性の方が好き」とか「性的志向はよくわからないけれど、夫に早く先立たれてしまったので、今はルームシェアで同性と暮らしていて快適」、という方もいます。

大事なことは「適齢期だから」「世間体が」という理由で結婚するのではなく、「誰とどんなパートナーシップを築きたいか」をしっかり考えることです。これは自分にしか答えはありませんし、また、今のパートナーシップに違和感を感じたら、その都度自問してみるのも大切です。妊娠以外で何のためにパートナーが必要なのかと問われれば「長い人生、生活を共に楽しみ、支え合えるパートナーがいたらハッピー」程度の話です。自分の価値観や心地よさを大切に、そこに時間と空間を共有したい誰かがいたらうれしいですね。

48

どうしても
子どもを欲しいなら
人生前倒しに

「妊活」という言葉が社会にすっかり定着しています。この言葉がこれだけ広く使われるようになった背景には、多くのカップル、特に女性が「妊娠できるかどうか不安」という気持ちを抱えているからだと感じます。

「妊娠を希望したらすんなり授かりました」となればよいのですが、いざ子どもをつくろうとすると「なかなか妊娠できない」とショックを受け、不妊治療に踏み切る女性が少なくありません。

かつて、「性交渉をもてば妊娠する可能性があるよ」と、忠告を受けたことがある女性は多いと思いますが、「自然に赤ちゃんを授かるにはタイムリミットがあるよ」という事実を自分ごととして理解している女性は、そこまで多くないのが現状です。「生理がちゃんとくるから」「体調が悪くないから」「著名人は高齢で産んでいる」など、「私だってそのうち妊娠できるはず」、と普通に思っているわけです。でも、もしいつか、子どもをどうしてもほしいと思っているのであれば、人生を前倒しにすることをおすすめします。タイムリミットのある期間の中で「いつ子どもを産むか」「誰の子を産むか」「何人産むか」といったことは、女性が主体的に決めることができる「体の自己決定権」とされています。

どんな人生を望むのか、の問いの中で、子どもに関する問いには早めのタイミングでしか回答できないことを知っておいていただければと思います。

49

自分の選択を
ベストと思えたら
幸せ

恋愛・結婚・妊娠・出産・離婚・再婚。このあたりは自分以外に、パートナーがいてはじめて成り立つライフイベントです。それでも「自分がどうしたいのか」を常に自問し、自分に正直に、自分で舵を切る、自分で選ぶ姿勢がとても大切です。なぜかというと、自分で決めたことがうまくいかなかったとしても自分で選んだことだから、自分で決めたことだから、と納得できれば、次に進みやすいものだからです。

そのときに自分がした選択はベストであるはず。でもこれは自分で考え、自分で選んだことだから言えること。もし相手に委《ゆだ》ねて、相手の言われるままに動いていたとしたら、うまくいかなかったときに後悔するだけでなく、相手を恨《うら》んでしまうことにもなりかねません。「仕事を選んだせいで妊娠できなかった」という声も聞きます。しかし、これは想像の話でしかありませんよね。もしそのとき、仕事を辞めて妊活したとしても、本当に妊娠したかどうかは誰にもわかりません。想像でしかないものを「失った」と思い、いつまでもクヨクヨ引きずり、後悔しながら過ごすのは時間がもったいないと思います。

一生懸命考えて選択したのなら、選ばなかった方の選択肢は忘れてしまってよいのです。毎日いろいろな選択をくり返しながら生きていますが、結果的にそちらを選んでよかった、と思えるような過ごし方を意識して積み重ねていくことで、あのときの自分の選択がベストだった、と思える経験になっていくのではないかと考えています。

50

世の中が変わっても
大切なことは
変わらない

第3章

愛とか恋とかだけでないパートナーシップのかたち

今、時代がものすごいスピードで変化しています。いろいろなことが変わらざるを得なくなり、その変化に追いついていくのが大変と感じている人もいるでしょう。何より、さまざまな価値観が認められるようになり、「普通」や「一般的」、「常識」といった言葉では括《くく》れないことが多くなっています。

私たちはまさに時代の過渡期にいます。「女性だから」「適齢期だから」「常識的に」という言葉で自分を括《くく》る必要はありません。どんな選択肢にも自分で考えて、自分で選べる時代に生きているのです。

でも人生において、本当に大切にすべき考え方は変わりません。それは、「まず自分を大切にすること」です。さまざまな場面において「自分で決めるのは難しい」と感じる人もいるかもしれません。「人と違うことをするのは勇気がいる」「怖い」「みんなと同じじゃないと不安」思うこともあるでしょう。それでも「自分を大切にするには?」という視点を持つことで、自分に正直で、心地よく過ごせる生き方を選べるはずです。

その上で、自分が大切に思うものを大切にし、自分を大切にしてくれる人を大切にする。これはどれだけ時代が変化しようと、変わらない考え方です。自分を大切にできるからこそ相手を大切にすることもできる。お互いへの思いを巡らせ合うことにもつながります。

第 4 章

妊娠・出産・子どもの有無に正解を求めない

51

子どもをもつか もたないかは 自分で決める

子どもを自然に授かるのに、いくら医学が進歩しても女性の体には時間的なリミットがありますし、自分で、もしくはパートナーと共によく考え、「子どもを持たない」と決めたのであれば、その選択は自由ですし、何の問題もありません。

かつては人生で一度も子どもを産んでいない女性が約1割しかいない時代がありましたが、現在では3割弱にまで増え、ある調査によれば、今の子どもたちが大人になるころには、女性の3人に1人は子どもを持たないだろうと推計されています。

これからの時代、「女性だから子どもを産む」という概念も消失してしまうかもしれません。子どもを持つことが「正解」とは言えない、という声も実際に聞かれます。

血縁関係にこだわらない家族やつながりを持つこともありな時代に移行しており、自分らしい、自分が心地よく生きられる選択をすればOKだ、と考える人が増えてきているように感じます。

ただし、子どもを持った人生と子どもを持たなかった人生の、両方を経験することはできません。だからこそ自分が選んだ道を納得し、自分が選択した方の人生をよりよいものにできるよう生きていく。これが後悔の少ない唯一の方法だと思うのです。

52

何歳で子どもをもつかを自分で決める

日本ではその頃になったら何となく性交渉を持ち、そこまでの計画なく妊娠し、妊娠したから子どもを産む、という方が大半です。

「いつ妊娠したいから今は避妊する」「この人の子どもがほしいからこの人と性交渉をする」「このタイミングで産みたいからこの時期に妊活する」と、妊娠・出産、そしてその先に続く子育てをライフプランとして計画し、主体的にコントロールする女性は少しずつ増えてきてはいますが、人生におけるさまざまなシーンにおいて、受動的な姿勢の女性のほうが多いのは事実です。

主体的に取り組んでも、妊娠・出産・子育ては思い通りになるわけではありません。完璧に計画通りに進めるのは不可能ですが、それでもできるだけ理想に近い形が実現するように、パートナーともよく考えて、ある程度逆算し、計画立てて進めていくことは可能です。

ヨーロッパでは避妊目的のピルの使用率は40％というデータがありますが、日本はまだ10％に満たない使用率。コンドームの使用についても男性に委ねているケースが少なくありません。世界のスタンダードと比べ、日本の女性は家族計画に対して消極的と言えます。

時代は変化しています。女性だって社会で自己実現できる時代ですし、また社会はそれを求めています。だからこそ、社会において役割を持つ時期に丸々重なっている、限られた妊娠可能な期間の中で「いつ産むか」は、ある程度自分が考え決めるのが望ましいと思います。

53

結婚や妊娠の
順番にこだわらない
社会の実現を

第 4 章

妊娠・出産・子どもの有無に正解を求めない

子どもを持ちたいと希望しているのに、行動できない、悩んでいる、うまくいかない女性の話を聞くと「キャリア→出会い→結婚→妊娠→出産→子育て」という「順番へのこだわり」がじゃましているケースがあるように感じます。

日本は、結婚してから出産するのが当たり前、子どもにとって両親がそろっているのが当たり前、という価値観がまだまだ根強いです。しかし、世界では、少子化の進む国では特に婚外子（事実婚の両親の間の子ども、シングルマザーやシングルファザーの子ども）も困ることなく暮らしていける社会を実現する取り組みがなされてきました。その結果として、たとえばフランスでは出生全体に占める婚外子の割合が60％近く、デンマークでも50％以上を占めています。一方、日本の婚外子の割合は2・3％。裏を返せば、日本では婚外子だと過ごしにくい状況がまだまだあるという意味でしょう。

「順番」にこだわり過ぎると、どうしても結婚する年齢が上がり、第一子妊娠・出産の年齢にも影響するのは事実です。この順番でスムーズに運ぶのであれば、もちろん幸せなこと、でも、出産や子育ての後にキャリアを積む、出産の後、子育て中に結婚する、など多様な選択をする人にとっても、特に困ることのない社会が実現することを私は願っています。

54

不妊治療は魔法ではない

第4章

妊娠・出産・子どもの有無に正解を求めない

妊娠を希望する女性やカップルが、妊活の早い段階で「不妊治療」を選択するケースも増えています。ただし、不妊治療は必ずしもハッピーな結末を約束するものではなく、望んだ通りになる魔法でもありません。不妊治療によって子どもを授かれるようになるのは素晴らしいことです。身体への負担を少なくするような治療法も併せて進化しています。それでも妊娠成立するのは、100%になんて遠く及びません。

不妊治療の基本的な考え方は、「体が本来持っている働きを外から足す」であり、「卵巣の働きが落ちているから排卵を促す薬を足す」とか「何らかの理由で受精する確率が低くなっているからそれを手助けする」といった治療です。不妊治療の一つである体外受精について、2019年は国内で45万8千件に上り、この治療法で生まれた赤ちゃんは約6万人と報告されています。つまり「体外受精すれば妊娠できるわけではない」ことが明確に理解できてしまう数字です。

生殖医療の研究が進むと同時に、この15年くらいではっきりわかってきたことがあります。女性が子どもを産む能力を「妊孕性《にんようせい》」と言いますが、この力は35、36歳以降、急激に低下します。治療すれば女性はいつまでも子どもが産めるのではないか、という期待とは大きく異なる現実があります。「子どもができなかったら不妊治療すればいいや」というものではないことを、多くの人に知っていただければと思います。

55

妊娠や
出産の方法は
人それぞれ

さまざまな情報が検索できる時代です。自分以外の人がどのように妊娠し、どのような方法で出産し、母乳で育てるのかミルクで育てるのかなど、人と自分の選択を比較し、自分の選択が本当に間違っていないのか、必要以上に不安になる女性が多くいます。

しかし、不妊治療で妊娠して出産した場合と自然妊娠で出産した場合で、産後のお母さんにも赤ちゃんにも、何か有意な違いがあるわけでもないのです。

長年の取り組みの成果によって、日本では周産期医療がとても充実しているので、妊産婦や赤ちゃんの死亡率がかなり低く維持できています。経腟分娩トライ中に帝王切開になったり、無痛分娩の予定がタイミングが合わず自然分娩になったり、陣痛促進剤を使ったり、赤ちゃんの心音が落ちて吸引分娩になったり、さまざまありますが、最終的には「無事に生まれてよかった」「お母さんも赤ちゃんも元気です」となるケースがほとんどです。しかし、日本でも年間30人ほどのお母さんがお産で命を落とします。世界に目を向ければもっと、「お産は命と引き換え」な現状が今もまだあるのです。

100人いれば100通りの妊娠とお産がある。そして子育ても一人ひとり違う。人と比べて悩む前に、無事に出産を終えられた、というかけがえのない事実に目を向けていただければと思います。

56

子どもがいても
いなくても
最高の人生に
できる

不妊治療が万能でないことをお伝えしましたが、治療の有無に関わらず、妊活中のストレスに関するお悩みもよくご相談いただきます。一番大切なことは、頭の中を「妊活」でいっぱいにしてしまわないことです。睡眠時間を十分に確保し、ストレスをなるべく減らし、仕事を詰め過ぎず、さまざまな楽しみも味わいながらの妊活をおすすめしたいのです。

誰の子どもを持つか、いつ子どもを持つか、自分で主体的に考えてある程度コントロールすることが大切だとお話ししましたが、その一方で、「子どもは授かりもの」であるのは事実です。どんなに生殖医療が進歩しても、妊娠できるかできないか、どんな分娩方法になって、どんな赤ちゃんが生まれるのかを、私たちが選ぶことはできません。

私たちの人生において、子どもを持つことを望んでいた人が子どもを持てたら最高です。でも、もし子どもを持てなかったとしても、その先の過ごし方次第で最高の人生にしていけるのです。

妊娠も生まれてきた子どもも私たち自身の人生のほんの一部であって、全てではありません。気持ちも体ももっと楽に、人生そのものを楽しんでいただければと思います。

57

女性の人生
どちらがすごい
どちらがえらい
なんてない

「結婚・妊娠・出産・育児と仕事のバランスについては、自分で主体的に考えよう」「ある程度は自分で主体的に決めていこう」とお伝えしていますが、「自分で決めた選択」をできていたとしても、自分とは異なる選択をした友人、知人、同僚の結婚・妊娠・出産・子育ての話などに心が揺れることがあります。これは自然なことだと思います。

ただ、周囲の意見や経験談などにいちいち反応する必要はありません。相手はそうかもしれないけれど、その人はその人。自分が全く同じことを経験できるとは限りませんし、経験したところで自分が何をどう感じるかもわからないですよね。

さらに、結婚・妊娠・出産・育児と仕事のバランスは「経験バイアス」がかかりやすいテーマです。「私でも子育てと仕事の両立ができたから、あなたにもできるはず」「私の時代はもっと大変だった」「専業主婦なんてうらやましい」「あなたはバリキャリですごい」など、女性同士でいろいろな話題が出ると思いますが、基本的に「相手と私は全く違う人生を生きている」という前提で、おおらかに聞き流すことが望ましい。そもそもお互いに全く違う人生なのですから、どちらが立派とか、どちらの選択が賢いとか、そんなジャッジも不要ですし、どちらがすごいか、えらいかを競って女性同士で足を引っ張り合うことは一番悲しい。

自分の結婚・妊娠・出産・育児と仕事のバランスについて話すことがある場合にも、「あくまで私の場合」と念頭に置きましょう。

58

「子どもか仕事か」
ではなく
「子どもも仕事も」

女性のライフコースはいくつもあります。バリバリ仕事するシングルキャリアライフ、仕事を持っていてパートナーはいるけれど子どもは持たないＤＩＮＫＳタイプ、共働きで子どももいるタイプ、家庭の運営に注力する専業主婦タイプ。ざっと見ただけでも、社会の中の女性の立ち位置というのは多様で、それぞれの悩みもまったく異なり、年齢や立場や住んでいる環境・地域によってストレスや悩みも異なります。

女性の仕事のキャリアは、妊娠や出産というライフイベントによって中断するため、子どもを持って家族が増える楽しさと仕事を、トレードオフしなければならない状況に追い込まれがちです。またはトレードオフしなければ成り立たないと、最初からどちらかを諦める方も少なくありません。

「子どもか仕事か」を選ぶ人がまだまだ少なくない現状ですが、「子どもも仕事も」が実現する社会を作っていこうと多くの女性が声を上げ行動し、社会もその方向に動いている今は、まさに過渡期です。もちろん全ての女性が「子どもも仕事も」を望んでいるわけではありません。一人ひとり生き方は違って当然ですし、望みも違います。でもそれぞれが自分の望む生き方をできれば、自分とは異なる生き方を尊重できると思いませんか。

異なるライフコースを生きる女性同士、お互いをうらやむだけでなく、それぞれの背景や悩みに思いを馳せることができる社会を願っています。

59

親の役割は
子どもに
可能性を示すこと

第４章

妊娠・出産・子どもの有無に正解を求めない

コロナ禍の2020年より私はインターネットラジオの配信（高尾美穂からのリアルボイス）をおこなっているのですが、こちらには子育てに関する悩みも多く寄せられます。子どものスマホ依存、子どもの反抗、不登校、学校の成績や将来のことなど、相談内容も多岐にわたります。

私が考える「親の役割」とは「子どもに可能性を見せること」に尽きると思っています。子どもが自分から「○○をやってみたい！」と言い出したときに、できるだけ望みに近い環境を提供すること。親がすべきことはこれくらいでよいのではないかと思います。

あれやこれやと心配し、手出し・口出しするより、お父さん・お母さんがそれぞれ「自分の人生」「自分のやるべきこと」を楽しそうに取り組んでいる姿を見せることのほうが、親として、人生の先輩として大事なことだと思うのです。

「大人って大変そう」「大人になると楽しくなさそう」。子どもたちにそう思われている親は少なくないと思います。実際にみなさん大変な毎日を過ごされているかもしれませんが、まずは私たち大人一人ひとりが、自分の人生を楽しむことを最優先していきたいものです。大人になるって、自分のしたいことを自由にできる、こんなに素敵なことなんだって、親が子に背中で伝えることができたら、この先の未来はきっともっと明るいものになるでしょう。

60

家庭環境を見て子どもが不幸だなんてナンセンス

第4章

妊娠・出産・子どもの有無に正解を求めない

親が仕事や趣味を楽しむことについて、家庭が疎かになるとか、子育てに手を抜いているとか、外野があれこれ言ってきたり、自分自身もこれでよいのかと悩んだりすることもあるでしょう。もちろん、すべてにおいてバランスは大切です。ただ、親が愛情を持って子育てできていると断言できるのであれば、家庭ごとにそのあり方は違ってよいと思いますし、周囲がとやかく言うことでもありません。「あそこのお母さんは仕事が忙しいから」「いつも保育園（学童）に預けているから」「シングルだから」「再婚だから」「同性婚だから」「血がつながってないから」など、家庭の状況や環境によってその家の子どもが不幸だと、周囲が勝手に決めるなんて完全にナンセンスです。各々思うことはあるとしても、それぞれの幸せのかたちがあるのも実際のところでしょう。

どんな子どもも愛情をたっぷり注いでくれる人が近くにいて、その子どもを理解しようとする人がいれば不幸ではないですし、そのような人が一人でも多くいるほど、子どもはより幸せでしょう。ただ、子どもが幸せかどうかは、周りが決めることではありません。どんな家族構成でも幸せに過ごす子どもはいます。逆に、どんな望ましい家庭環境でも、子どもが本当の意味で幸せかなんてわからないものです。よそのご家庭のあり方をとやかくいう前に、子どもたちが「幸せな子ども時代」を過ごせるように、子どもがいる人もいない人も、私たち一人ひとりが社会の一員であることを自覚し、よい環境を作る貢献をお願いしたいです。

61

自己犠牲からの優しさはほどほどに

お子さんやパートナーに対するご相談から感じるのは、その悩みや不満の根底に「自己犠牲」があるということです。

女性は子を持つことで「母親」としての役割も担うようになります。家族のために食事を用意し、衣類や住居を清潔に保ち、子どもの学校や習い事のサポートもし、「母親の役割を果たす」ことに優先順位が移行しがちです。これは自然なこと。ただ、「夫」にも同じように「よい父親」の役割を求めても、十分果たしてくれていない、なんて不満も少なくありません。また「子ども」も、いつまでも「子どものまま」でいるわけではありません。四六時中親を求める時期はあっという間に卒業し、親とは異なる一人の人間として自立していきます。

「夫のために」「子どものために」「家族のために」は「頑張る」エネルギーになります。でも「私」を放置した状態では、気がつかないうちに不満が積もっていることでしょう。

まず「私」を整えなければ、たとえ家族であっても、ほかの誰かに本当の優しさを届けることはできません。もし、家族への貢献が自己犠牲の上に成り立っているのであれば、まずは自分のための時間を確保して、「私」が満たされた状態を作っていただきたいです。その上での貢献こそ、見返りを求めない本当の思いやりにつながるのだと思います。

62

子どもは親の所有物ではない

10か月間自分のお腹の中で子どもを育み、母親になり、産後から最初の数年は24時間べったり過ごす時期もあるからか、多くのお母さんが子どもと自分を「別人格」と切り離すことができず、悩みの原因となっています。

授乳やおむつ替えなど、親がしなければ何もできなかった赤ちゃんも少しずつ自立し、親から離れていきますが、それでも心のどこかで「大丈夫かしら」「私が見てあげないと」と、いつまでも我が子から手を離せない親が多いようです。それが行き過ぎると「私の言う通りにすれば間違いない」と我が子を過剰にコントロールする言動に陥ります。

しかし、みなさんが頭で理解している通り、子どもは親の所有物ではなく別人格。

子どもが小さいときは当然お世話が必要です。でも子どもに自我が芽生える頃（2〜3歳あたり）から、少しずつ、「子どもが自分でできることを増やしていく」と気持ちを切り替えてみてはいかがでしょう。子育ての最終的なゴールは「子どもの自立」ですから、学校の支度も、片付けも、宿題も、友だちとのコミュニケーションも、自分一人でできるようになるためのサポート役に親は徹する。そのくらいのつもりでいれば、「親と子は別人格」を親子ともに体感できることでしょう。そして子ども自身ができることが増えていくと、子どもの選択を尊重することができますし、親も自分自身の人生を楽に過ごしていけると思います。

63

人より優れてなくていい

「人より優れていること」はそんなに重要でしょうか。人と比べて落ち込んだり苦しんだりする人が少なくありません。どんな世界にも比較すれば上には上がいて、下には下がいて、それぞれよいところもいまいちなところもあるわけです。つまり、人間は誰もが不完全な存在です。

子育てにおいても「比較」が蔓延しています。子どもは褒められるのは好きですが、比較されて「○○より劣っている、○○よりできていない」とジャッジされるのは嫌なものです。同じことをされたら、大人だって嫌なはず。私たちは誰もがありのままの自分を受け入れられ、よいところをよいと評価されることに喜びを感じるものです。特に子どもは、大人からの受容や賞賛を心の栄養にし、自信をつけて成長していきます。

それなのに幼少期から劣っていると比較されてばかりだと、子どもは傷つき、自信を失って当然です。親として、よかれと思って励ましているつもりでも、子どもによくない影響を及ぼしているかもしれないわけです。

大人も子どもも、一人ひとりにそれぞれのよさがあります。ほかの子と比べるのではなく、その子らしさにもっと目を向け、そこをどんどん褒めましょう。「あの子のセンスはピカイチ」とか「あの集中力はすごい」など、お子さんの光る個性に目を向け、本人にもちゃんと伝えていただければと思います。

64

おすすめの言葉は
「だいたいよし」
「まあいいか」

子育ての悩みを伺っていると、世間の常識や自分の合格点にとらわれていることが原因となっていることが多いように感じます。

「小さい子どもと電車に乗るときは静かにさせないと」「食事はこぼさずに食べるのがマナー」「夜は○時までに寝かしつけないと」など、もちろん「そうできたらいいよね」という理想はあるでしょうが、私たちはロボットではないのですから、毎日ミスなく完璧に過ごすことなどできません。体調・気分・天候・その日の出来事などに、私たちの気持ちも行動も左右され、昨日と同じ一日など一日もないわけです。

もっとハードルを下げて、もっと気楽に、「だいたいよし」「まぁいいか」と思う心の余裕を持つと子育てはもちろん、人生が楽になります。

何事においても、合格点のハードルは人それぞれ違うと思いますが、90点、100点でないとOKを出せない人はハードルを上げ過ぎです。60〜70点でも「だいたいよし」「結構頑張っている」ゾーンなのです。どんなことでも60点以上だと思えるのであれば「まぁいいか」。時々80点や90点だと思うなら「すごい！天才！」と大喜びして、自分の許容範囲を広げると日々をポジティブに過ごせます。子育て中こそ、合格点を抑えめに設定してください。

「今日もできなかった」と落ち込むのではなく「だいたいよし」「まぁいいか」と呟いてみてください。「おおむね良好」でもいいですね。

65

子育てこそ
ポジティブワードで
楽しむ

普段から使う言葉に、なるべく前向きな言葉を選ぶことで、脳の思考回路が変わり、たいてい物事はポジティブに考えられるようになります。私自身は「疲れた～」という言葉はあまり使わず「よく頑張った～」と言いますが、これは自分が選ぶ言葉によって自分の気持ちをよい状態に保てると実感しているからです。

「ポジティブな言葉を選ぶ」は子育て中のお母さんたちにこそ、ぜひ実践してみてほしい。たとえば、お子さんの性格であれば「うちの子は飽きっぽい」→「うちの子は好奇心が旺盛」、「うちの子はこだわりが強い」→「うちの子は職人気質」、「うちの子はなんでも遅い」→「うちの子はマイペース」などと言い換えることができます。言葉を選ぶことで、お子さんのキャラクターを否定せず、前向きに捉えられるでしょう。

「走っちゃダメ！」→「一緒に歩こう！」、「うるさい！」→「静かにすると何か聞こえるかも」、「早くしなさい！」→「あと5分でできたら天才！」、「早く帰るよ！」→「あと3分だけ待つね」など、ありがちな小言も言い方を変えるだけで、お互い嫌な気持ちにならず、それぞれが大切にしたいことを我慢せずにいられます。

最初は頭を使うかもしれませんが、ネガティブな言葉を言いそうになったら、どんな言葉に置き換えられるか考えてみてください。こんな言い換えがあるんだ、とひらめけばうれしいし、慣れれば、ポジティブワードが先に出てくるようになりますよ。

66

自分の経験だけで
語らない
自分とは異なる経験を
想像してみる

10代の娘さんが「生理でお腹が痛い」と訴えてきたとき、お母さんが「それくらい普通よ」とか「生理は病気じゃないから我慢しなさい」といったアドバイスをするケースがあります。女性の先輩としてお母さんたちは、生理や生理痛を経験しているので「私は我慢できた、私は温めたらよくなった」という経験バイアス、自分バイアスで話をしがちです。でも娘さんの痛みは、お母さんが経験した痛みとは異なっている可能性が十分にあります。何か病気が隠れていることもありますし、生理痛に対して現在ではさまざまな治療方法が確立されているわけで、本来はそれらの可能性を考慮することが望ましいです。

お母さん方の時代とはあり方が大きく変化しています。今は「ピル」「月経ショーツ」「月経カップ」「周期管理アプリ」など、さまざまなサポートアイテムが登場しています。妊娠方法も出産方法も、選択肢は増えていますし、働き方もそうでしょう。

異なる世代と会話をするときは「私の場合」や「私の時代は」と自分を主語にする前に、時代が変化していることを認識しておく必要があります。特に「結婚・妊娠・出産・育児、仕事のバランス」については知識をアップデートしていかなければ、同性であっても異なる世代と分かり合うのは難しい時代と言えます。

新しい情報を知らないことがよくない、というわけではありませんが、自分が経験したことだけで語ろうとせず、前向きに知ろうとする姿勢が必要だと思います。

第 5 章

性のあり方も自分らしくアップデートする

67

性は「普通」では語れない

性に関することは「普通」という言葉で簡単に括れるものではなく、多様であるということが、この20年の間に広く知られるようになりました。

LGBTQという言葉もありますが、最近はもっと進んでSOGI（ソジ）という言葉が使われるようになっています。これはS＝Sexual Orientation and Gender Identityの頭文字を取っていて「Sexual Orientation」は「性的指向（好きになる性）」、「Gender Identity」は「性自認（自分で認識している性）」を意味します。SOGIは全ての人が持っているものです。

生物学的な性と性自認が合っていれば、ある意味「普通」ですが、好きになる性がいわゆる「普通」とは異なる自分に気づくケースも少なくありません。また、好きになる性が「普通」とされるケースでも、引っ張っていってくれるタイプが好みの人から、細やかな気配りができるタイプが好きな人など、幅があります。

「一人ひとりのSOGIは違う」という認識でいるのが当たり前の時代になっているのです。

20年以上前に教育を受けた親世代は、特にこういった社会の変化を知り、自分の中で受け止めていくことが求められています。

68

人生で
性交渉を
持つか持たないかも
自由

SOGIだけでなく、性的体験の有無や内容、加齢による変化など、性に関するさまざまなご相談もいただきますが、実態のない、いわゆる「普通」と比べて苦しんでおられるケースが少なくありません。

たとえば30代の女性から「恥ずかしながら男性経験がありません」といったご相談をいただくことがありますが、特に恥ずかしいことではありません。この件について言えば、男性経験がないことをコンプレックスに感じておられるのはわからなくもありませんが、そもそも性交渉を持つか持たないかは、人生における選択のうちのたった一つに過ぎません。性交渉があろうとなかろうと、社会で問題なく過ごせているのであればそれでよいわけです。本来、自分を構成している要素のほんの一部に、そこまでこだわり悩む必要はありません。

性に関する悩みも人の数と同じだけあり、似たようなパターンはあっても、状況から年齢や環境まで考慮すれば「全く同じ」、はありません。皆それぞれに悩みはあるもので、かといって自分の人生や選択を「恥ずかしい」と思う必要はない、とお伝えしたいです。

私たち一人ひとりがさまざまな要素の組み合わせで成り立っていて、性に関することも私たちの一部にしか過ぎず、特別なこととして捉えがちではあるけれど、それがその人の全て、人生の全てではないのです。

69

体に
コンプレックスを
感じ過ぎるのは
もったいない

体型やバスト、性器などに関するコンプレックスのご相談も多いのですが、正直なところ「そこまで気にしなくていいんじゃない」と思っています。

私は婦人科医なので、女性の外陰部などの性器（おまた）もバストも、一般的な男性より数多く見ていると思いますが、これらもまた「普通はない」と言い切れるほど、人それぞれ異なっています。

私たちは自分の体のいろいろな特徴にコンプレックスを抱きがちですが、ホクロの位置や指の長さが人それぞれ親子や兄弟姉妹でも違うように、バストや性器も人それぞれ異なり、それは言わば個性であり、生物学的にいえば「個体差」に過ぎません。

もちろん生活に不都合がある、疾病のリスクがあるといった場合は専門家に相談し、解決する必要があるでしょうが、実際に受診された場合でも「気にしなくていいのでは」とお伝えするケースがほとんどです。もちろん、異常でない、問題ない、と知り、安心される方もおられます。

ただ、特徴や個性に過剰なコンプレックスを持ち、恋愛や性に前向きになれないのはまさに機会損失、もったいないことです。「これは私の個性、私らしさ」と捉えていただけたらと思いますし、人に何か指摘されたとしても「そうそう、私の特徴なの」とおおらかに返してみていただきたいです。

70

骨盤底筋を普段から意識する

性のあり方のお悩みや、性器の形といった個性のお悩みよりも、婦人科医として女性のみなさんに知っていただきたいのは「骨盤底筋《こつばんていきん》」についてです。

最近ようやく知られるようになってきた筋肉ですが、名前の通り、骨盤の底にある筋肉で、ハンモックのような形をしていて、子宮や膀胱、直腸など骨盤内の臓器を下から支える役割を担っています。また、排泄のコントロールを担っているのも骨盤底筋です。

太ももやふくらはぎ、上腕二頭筋のように目で見ながら鍛えられる筋肉ではありませんが、お股に手を当てて、尿道や膣、肛門あたりを内側に引き込むようにキュッと締めると、位置を確認できますし、筋肉が動いているのがわかります。また、この動きだけで少しは鍛えられるのです。この筋肉が弱ると尿もれが起こり、ほかにも子宮の位置が下がることで子宮脱となることもあります。特に排尿排便がコントロールできなくなると、人としての尊厳に大きく関わります。しかし、骨盤底筋は鍛えることで強化できる筋肉です。

経膣分娩を経験したことがある人以外に、便秘でいきむ癖がある人や、重いものを持つ仕事をしている人なども日常的に骨盤底筋に負荷がかかっています。

女性のみなさんは日頃から骨盤底筋を意識し「キュッと締める」を生活の中に取り入れ、習慣化させてほしいと思います。

71

セックスレスの悩みは
話し合いから
逃げないこと

クリニックにはセックスレスのご相談で来てくださる方も多く、毎日一人はいらっしゃいます。多いのが「夫から求められてもしたくない」あるいは「痛くて無理」というケースです。

女性も男性も子どもを作る適齢期に性欲が高まる人が多く、それ以降は低下してもおかしくありません。ですが、人間の性交渉は「子作り」だけが目的ではなく「コミュニケーション」の側面があるのも実際のところです。子どもを持った後に性交渉を「コミュニケーション手段の一つ」として大切に思うか思わないかで、夫婦間であっても温度差が生じ、やがて「セックスレス」という名の悩みに変わってしまいます。

さらに問題を複雑にさせる理由が「性欲の個人差」にあります。性欲は強さも高まるタイミングも、夫婦であってもまったく違うもの。食欲や睡眠欲のように、だいたい同じタイミングでお腹が空いて、同じくらいの時間に眠くなる、とはならないのです。ですから、ここをどうやって微調整していくか。お互いの気持ちやタイミングをどう思いやるか。正直この調整には、当事者同士の「会話」以外の方法はありません。

「痛くて無理」といった性交痛など、クリニックで対応できる部分もありますが、基本的にはパートナーとの話し合いから逃げては解決していけない問題です。

72

挿入しない
性交渉を楽しむ

セックスレスは日本人全体の問題とも言えます。日本人の性交渉の頻度が減っていることは、報道などでみなさんもご存知だと思います。ある調査(※)では18～34歳の未婚者のうち、性交渉の経験がある割合は男性で53・0%、女子で47・5%と報告されており、適齢期とも言える男女でも半数近くが一度も性交渉の経験がないことを示唆しています。また、同調査では妻50歳未満の夫婦全体の約6割が「セックスレス」と報告しています。(※国立社会保障・人口問題研究所　2021年社会保障・人口問題基本調査［結婚と出産に関する全国調査］)

お互い満足のいく性のコミュニケーションが持てれば、心身にもたらすメリットは大きいのですが、どちらかが我慢している、痛いけれど耐えている、といった状態ならそれは問題です。特に女性の体は、痛みや恐怖心があると受け入れの準備が整いません。

まずはパートナーとのコミュニケーションとお互いへの理解が必要ですが、自分の体がどう感じるのかを伝え、挿入を伴わないセックスを楽しむ機会を持つことからはじめてみるのも一つの方法です。挿入やオーガズムの体感もセックスの一部にしか過ぎません。そこを目的にせず、コミュニケーションとしてセックスの全体を楽しむことから段階を踏み、焦らずゆっくりと関係性を築いていく、もしくは再構築していくことがセックスレス解消の手掛かりになるのではないかと考えます。

73

更年期のいまいちを我慢しない

更年期について、数年前までは話題に取り上げられることがほとんどなく、現在でも何となくネガティブな印象を持っている人が少なくありませんが、更年期を正しく理解すれば印象が変わると思います。

まず、更年期にさまざまな不調が起こるとされていますが、更年期を迎えた全ての女性が、ホットフラッシュ、不眠、肩こりなどの「更年期症状」を感じるわけでなく、不調を経験するのは約6割程度で、生活に支障が出る「更年期障害」に相当するのは全体の3割程度です。ただし、症状が強く出る女性も、生理の変化しか経験せずに過ごせる女性も、更年期には同じように女性ホルモンであるエストロゲンが減少していっています。

更年期症状や更年期障害についての医療的な対処方法はこの10年で確立されていますし、症状が出ていない人でも、運動や睡眠、食事、サプリメントなどで生活習慣を見直すことでより軽やかに乗り越えていけるでしょう。

不調に困っているのに、「歳だから仕方ない」「みんなこんな感じ」「頑張れば何とかなる」「我慢すればいい」とそのままにしておくのはもったいない。我慢以外の方法を探してみてください。閉経後、40年も生きられる時代に私たちは生きています。40年といえば生理がある年数とほぼ同じ。更年期を怖がるのではなく上手に付き合い、その後の人生も楽しんでいただきたいです。

74

更年期を理由にドロップアウトしない

日本人女性の閉経年齢の中央値は約50歳なので、平均的な更年期は45～55歳あたりです。しかしこの年代の女性は非常に忙しく、30代後半～40代の出産であれば小中学生のお子さんの子育てや受験の最中でしょうし、お子さんの有無に関わらずご両親の介護問題がはじまります。仕事を持つ女性なら管理職やマネージメント業務を任されるなど、家庭でも職場でも責任がのしかかる年代です。

令和6年の経済産業省の報告によれば、更年期症状や婦人科系のがんなどによる社会全体の経済損失は3・4兆円にも上ると試算されています。今まで一生懸命に積み重ねてきたキャリアを断念せざるを得ないというケースも耳にします。ドロップアウトするのではなく、予防や治療法などできることを探していただきたい。更年期に入る前の30代のうちから十分な睡眠や運動を習慣にしておく、定期検診を受ける、婦人科系の問題について相談できる「かかりつけの婦人科」を持っておく、などできることをぜひしてください。

そして、今もし更年期の不調で悩んでいるのであれば、すぐに医師に相談しましょう。我慢する必要はありません。家族にも周囲に話し、理解を求めてください。

40代も50代も、仕事も生活も楽しめるはずの年代です。更年期を理由に、何かを諦めなくてはいけない時代ではありません。

75

心も体も
できるだけ
よい状態を
長くキープする

第5章

性のあり方も自分らしくアップデートする

この本を手に取ってくださっているみなさんが何歳であっても、私たち全員、これからの人生を自分のこの体で生きていくしかありません。いくらこの先医療が発達しても、たとえば膝が痛いからといって新しい膝に取り替えたり、目が見えにくくなってきたからといって、新しい目に丸ごと取り替えたりはできないのです。

この自分の心と体をできるだけよい状態でキープするには、自分を大切に、自分の心を大切に、自分の体を大切に過ごす以外の選択はありません。

そのためには、自分を自分で俯瞰《ふかん》する習慣が必要です。一日に一度、じっくり鏡を見る機会を持つのもよいですし、自分から少し離れたところにもう一人の自分をイメージし、そのもう一人の自分にいつも見守られているイメージを持つのもよいでしょう。

「なんだか疲れた顔をしているな」「今日はすごく調子がよいな」「落ち込んでいるな」と、自分の現状を「鳥の目」で俯瞰することで気づきを得られるものです。

自分の状態がいまいちと感じるときに、いかに微調整やメンテナンスを取り入れるか。毎日100点満点とはいかなくても、毎日70点をキープできるように、セルフケアをしたり休息を多めに取ったりしてみてくださいね。

76

閉経しても女性は女性

「もしかしてそろそろ閉経かな」「生理が一年来ないから閉経かも」という時期に「これで女が終わりだ」とさびしさを感じ、自分に自信をなくして落ち込んでしまうという相談も多くいただきます。

しかし、それまでの生理が重かった人、生理前の不調などで辛い思いをしてきた女性であれば、生理からようやく解放されるわけです。生理がそこまで辛くなかった女性にとっても、女性ホルモンに振り回された日々は終わり、いずれは穏やかな日々が過ごせるようになります。

そもそも生理の有無で性別が決まるわけではありません。病気で子宮や卵巣を摘出したとしても、性別が変わるわけではありませんよね。閉経の捉え方も、心持ちひとつです。

これから閉経を迎えるみなさんには、次のステージを楽しみにしていただきたいです。いつでも温泉に行ける、気分のムラが穏やかになる、心配しなくてよくなる子宮や卵巣の病気もある、などメリットも多いです。

更年期も閉経も、人生における通過点に過ぎません。節目を生かし、その先に続く時間を自分らしく過ごしていけるよう生活を整えていきましょう。

77

メンタルを崩しやすい時期を知っておく

女性は人生を通じて、女性ホルモンによって心も体も大きく振り回されがちです。程度の差はありますが、多くの女性が、生理前に何らかのイライラや体調の変化を感じます。また、女性ホルモンの変動が最も大きいのが「産後」と「更年期」です。

女性ホルモンであるエストロゲンは肌や髪の艶やうるおいを保ったり、女性らしい体型を維持するだけでなく、代謝アップやメンタルの安定にも役立っています。ところが、産後そして更年期以降はエストロゲンの分泌量が大幅に減少するため、それらの働きが失われ、メンタルも不安定な状態に陥りやすいのです。生理がある期間はエストロゲンによって守られていた女性の心身ですが、産後生理が回復するまでの期間と、閉経後は特に、メンタルを崩しやすいことをあらかじめ知っておくことがとても大切です。

「あれ？　いつもと違うな」「このごろ調子が出ないな」「頑張りたくないな」など小さな心の変化に気づいたら、まずは自分が今どんな時期なのかを考えてみましょう。

生理が順調にくる年代であれば生理前だからかも、と思い当たり、対策が可能です。また産後の女性であれば、医師に相談するのはもちろん、授乳の回数を減らす、夜間授乳はパートナーに任せる、など検討していただきたい。そして更年期の女性であれば女性ホルモンを足す治療も選択できるのです。不調には早めに気づけるよう、自分のメンタルの状態を客観的に捉える機会もとても大切です。

78

これから先は
現状維持も
ある意味、進化

年齢を重ねれば当然、これまでとは同じようにいかないことが増えてきますし、見た目の変化も起こってくるでしょう。それでも、それらの変化が「年齢のせい」と思えるのであれば、それはとても幸せなことだと気づいてほしいです。それぞれさまざまな苦労や浮き沈みはあったと思いますが、基本的には大きな病気や事故、怪我などの経験もなく、平和に年齢を重ねてこられたからこそ今の自分がいるわけですから。

20代、30代でも女性特有のがんで子宮や卵巣、乳房の手術を受けることもありますし、そうでなくても人生にはいろいろなことが起こります。「歳のせい」がもたらした変化でも、それはそれ。そこまで生きて来られたのだと誇らしい気持ちで受け止めていいと思います。

何より、年齢を重ねることは本来、素晴らしいことです。「昨日とは違う経験ができる」「昨日まで知らなかったことを知ることができる」「幾つになっても成長できる」「チャレンジできる」というのは、生きているからこその進化と成長です。

老化とは肉体の生理的機能の衰退を指します。しかし、私たちの知性や感性、心の部分はそう簡単には衰えません。命を終えるその手前まで進化と成長が可能で、またそのようにポジティブに生きることこそ、生理的な老化の速度をゆっくりにするコツでもあるのです。まずは今日できたことを明日もできるように、これから先は、現状維持もある意味、進化です。毎日進化できている自分に気づく、そんな生き方をしたいものです。

【著者紹介】
高尾美穂（たかお　みほ）
医学博士・産婦人科専門医。日本スポーツ協会公認スポーツドクター。愛知県名古屋市生まれ。東京慈恵会医科大学大学院修了後、東京慈恵医大産婦人科助教、東京労災病院女性総合外来などを経て、2013年よりイーク表参道副院長を務める。婦人科の診療を通して、あらゆる世代の女性たちの心身の健康をサポート。大学病院で学び実践してきた西洋医学をベースに、ヨガや漢方などの東洋医学、栄養学やスポーツ医学なども取り入れ、女性がよりよく歳を重ねていけるよう多角的にサポートすることをライフワークとしている。テレビや雑誌などメディアへの出演、連載、著書も多数。SNSでも積極的に発信をおこない、また、音声配信『高尾美穂からのリアルボイス』は総再生回数1400万回を超えている。

あしたはきっと大丈夫 心が晴れることば

2024年9月29日　初版発行

著　者　高尾 美穂
発行人　佐藤 広野
発行所　株式会社コスミック出版
〒154-0002　東京都世田谷区下馬6-15-4
代表 TEL. 03-5432-7081
営業 TEL. 03-5432-7084
FAX.03-5432-7088
編集 TEL. 03-5432-7086
FAX.03-5432-7090
https://www.cosmicpub.com/
振　替　00110-8-611382

ISBN 978-4-7747-9295-8 C0077
印刷・製本　株式会社光邦